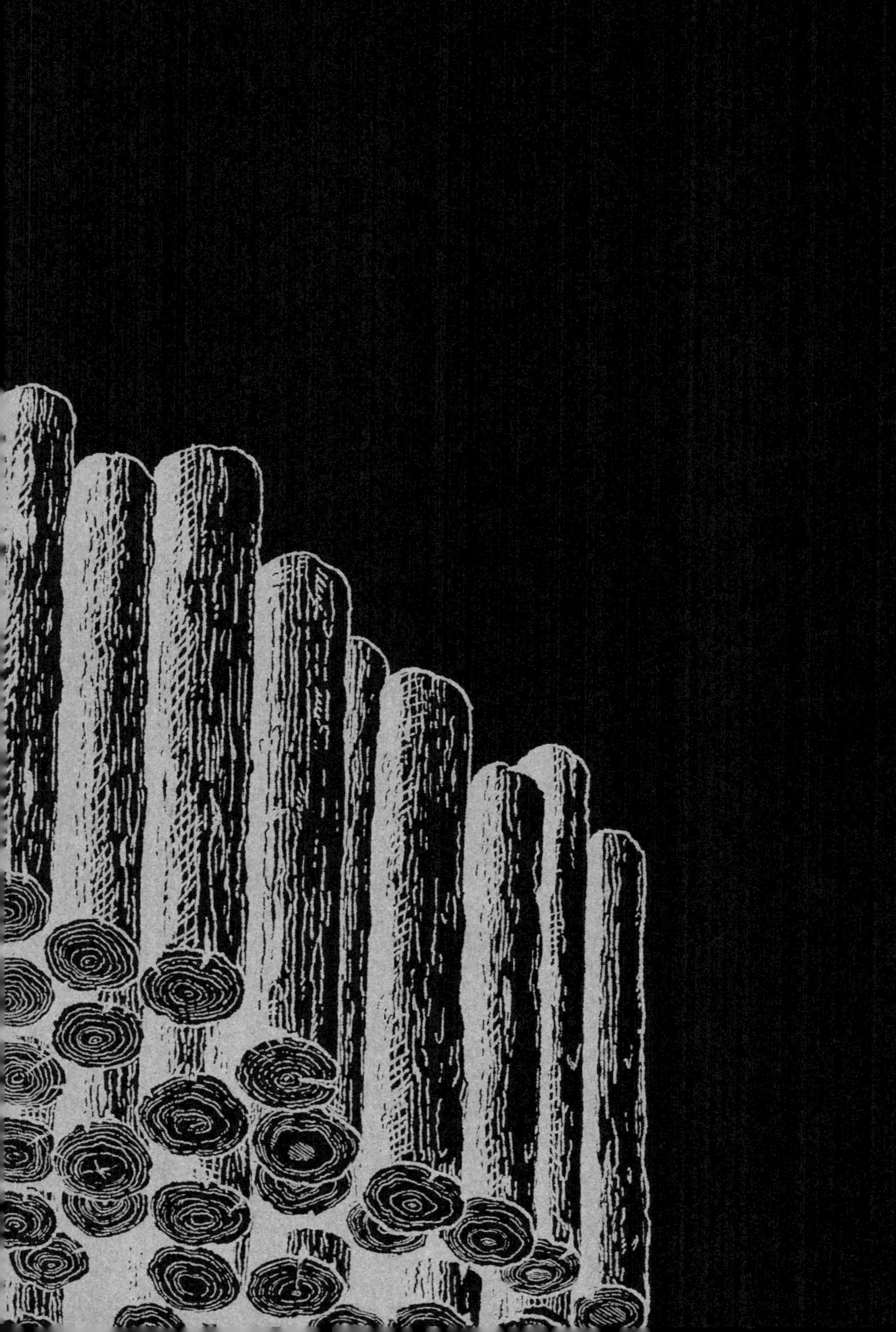

어쩔 수 가 없 다
각 본

어쩔수가없다
각본

발행일. 2025년 10월 20일 초판 1쇄

지은이. 박찬욱·이경미·돈 맥켈러·이자혜
펴낸이. 정상준
펴낸곳. ㈜을유문화사

창립일. 1945년 12월 1일
주소. 서울시 마포구 서교동 469-48
전화. 02-733-8153
팩스. 02-732-9154
홈페이지. www.eulyoo.co.kr

ISBN. 978-89-324-7578-3 03680

어 쩔 수 가 없 다
각 본

박 찬 욱 이 경 미 돈 맥 켈 러 이 자 혜

1. 밖 – 만수 집 마당 (낮)

검은 화면에 크레딧이 떴다 사라지는 동안 모차르트 23번 협주곡의 느린
악장 도입부, 피아노 독주가 호젓하게 들린다. 감정 풍부한 관현악이
시작되면서 화면 밝아지면 늦은 오후다운 청록색 하늘과 온기가 감도는
구름. 카메라 하강 – 일요일 저녁 식사를 위해 바비큐 그릴에 장어를 굽는
유만수(50대 초)의 얼굴이 화면에 들어온다. 자연스럽게 기른 수염과
혈색 좋은 뺨. 불기운 때문에 이마와 콧등에 땀. 누군가 첼로로 짧은
악구를 무한 반복하는 소리가 들린다. 머리칼을 흔드는 희미한 바람을
느끼고 눈을 드는 만수, 정원을 둘러보며 나직한 한마디 –

만수
그래…. 와라, 가을아.

오래됐지만 깨끗하게 보수된 2층 양옥집. 아기자기 잘 가꾼 정원에
배롱나무 꽃잎이 흩날린다. 어느새 모차르트는 작은 포터블 스피커에서
나오는 음질로 바뀌었다. 만수의 눈길이, 야외 테이블 앞에 앉은 아내에게
이끌린다. 활발하고 잘 웃고 장난기 넘치는 여자 **이미리**(40대)가
일어서더니 큰 접시를 들고 걸어온다.

미리
당신 좋아하나 봐, 이 비싼 장어를 다 보내고.

상자에서 장어 한 마리를 더 꺼내는 만수, 뱀처럼 긴 몸통을 가위로
자르며 –

만수
좋아서 주나, 더 부려먹으려고 주지.

미리

(다 구워진 장어 토막들을 접시에 담으며)

미국 사람들도 장어가 남자한테 좋단 건 아나 부네.

만수

(일부러 느끼한 눈빛을 보내며)

하필이면 당신 생일에 보냈네?

미리

(어깨로 밀며)

으이그....

툭 건드렸을 뿐인데 어구구구 하면서 픽 쓰러지는 만수, 죽어 가는
사람처럼 손을 뻗으며 신음 –

만수

으으 – 장어가 필요해....

'웃어 주면 썰렁한 농담, 버릇 돼…' 표정으로 돌아서는 미리, 식구들
앞접시에 장어를 분배한다. 뒤로 머쓱하게 혼자 일어나서 또 장어를 굽는
만수가 보인다. 미리, 마당 가운데 홀로 앉아 첼로로 짧은 악구를 반복
연습하는 **리원**(9)을 향해 소리친다.

미리

리원아, 와서 먹어야지! 아빠가 힘들게 구웠는데.

휴대전화 플레이리스트를 켜서 춤곡으로 음악을 바꾸고 와인 한 모금
마시는 미리, 오지 않는 리원을 데리러 간다. 제 앞에 놓인 익숙지 않은

음식을 노려보는 아들 **시원**(13). 좌우로 커다란 개 두 마리가 앉아 받아 먹을
음식을 기다린다.

시원

....뱀이야?

엄마 손에 이끌려 옆에 와서 앉는 리원, 똑같이 따라 말한다.
오누이는 장어에 손을 안 댄다.

미리

뱀은 이 맛 안 나지. 이거 회사에서 보낸 거다?
아빠 일 잘한다고.

앉으려고 의자를 끌어내다가 선물 상자를 발견하는 미리.
열어보니 고급 댄스 슈즈. 입꼬리가 올라간다.

미리

여보! 비쌀 텐데!!!

만수

댄스 슈즈가 뭐 비싸봤자지 뭐....

미소를 숨기고 장어 굽는 데 집중하는 척하는 만수. 새 신으로 갈아 신고
다가오는 미리. 그 새를 못 참고 첼로로 돌아가는 리원. 미리, 뒤에서
남편을 안아 준다.

미리

신 선물하는 거 아닌데~

                              시원
                               왜?

                              미리
           신고 달아난다고. 너네 아빠 자신있나부다야.

장난꾸러기 같은 눈빛으로 힐끗 남편을 보는 미리.
남편의 자신감 넘치는 미소를 확인하자 기분이 좋아진다.

                              미리
                              먹자.

남편을 잡아끄는 미리, 음악에 맞춰 춤 스텝을 밟는다.
새 댄스 슈즈가 사뿐사뿐.

                              미리
                       연습해야 돼, 틈만 나면.

만수는 춤을 좋아하지 않지만 아내를 위해 참는다. 손잡고 빙글빙글 돌며
가는 부부. 중간에 아내의 손을 놓고 딸에게 가서 데려오는 만수. 마침내
개들 포함 온 가족이 테이블 주위에 둘러앉는다. 시원은 그새 장어 맛에
설득됐다. 리원은 소시지만 먹는다. 아이스 버킷에서 하프 보틀 와인병을
꺼내 아내의 잔을 채워 주는 만수. 제 앞에는 콜라. 미리, 미안해서 더
활기차게 와인잔을 들어 보이며 –

                              미리
                         내 생일이니까!

만수

(콜라 잔을 들고)

먹고 죽는 거야, 오늘! 생일 축하해!

시원/리원

(콜라잔을 들고 건배하며)

생일 축하해!

술꾼처럼 '캬아!' 하는 시원, 따라 하는 리원. 만수, 장어 선물 상자에
들었던 종이가 눈에 들어온다. '긴 세월 한결같이 [태양 제지]에 헌신해
오신 귀하의 노고에 감사드립니다.' 라고 인쇄된, 은은한 녹색이 감도는
박엽지. 종이를 햇빛에 비춰서 지질을 관찰한 다음 손가락 사이에 넣고
살살 비비면서 감촉도 음미한다. 미리, 종이를 빼앗으며 –

미리

아유, 고만 좀 해.

씩 웃으며 일어서는 만수, 미리도 일으킨다. 아내 허리에 팔을 두르고
아들딸에게 손짓한다. 시원과 리원의 '으~ 또…' 표정. 그러거나 말거나
계속 손짓하는 만수. 하는 수 없다는 듯 엄마 아빠에게 와 안기는 두 자식,
그래도 입가에는 미소. 개들도 사람 다리 사이로 파고든다. 만수, 하늘을
올려다본다. 뉘엿뉘엿 해가 진다. 만수, 삶이 그럭저럭 만족스럽다.

시원/리원

답답해.

만수

조금만 더…. 삼 분만.

(처자식들이 낑낑대자 재빨리)

일 분만.

(처자식들이 낑낑대려고 하자 재빨리)

삼십 초!

'그 정도라면....' 숨만 쉬면서 가만히 선 채로 한 덩어리가 된 가족.

만수

지금 내 기분이 어떤지 알아?

(쳐다보는 미리)

다 이루었다.

이 30초 동안 햇빛이 약간 어두워진다.

2. 안 – [태양 제지] 공장 (낮)

한 줄로 엎드린 강철 공룡들처럼 길게 이어진 기계들, 압도적인 소음.
벽에 커다랗게 걸린 낡은 판자에 적힌 '멈추고! 생각하고! 행동하라!'
안전모 쓴 만수가 직원들에게 지시를 한다. 펄프가 들어가는 부분부터
컨베이어 벨트를 지나 거대한 롤러까지, 생산 라인을 순서대로 따라가면서
문제가 없는지 둘러보는 만수.

만수

(소리)

"당신들은 내 인생 25년을 바친 [태양 제지]를 인수했습니다.
근데 인수하자마자 생산 라인에서 20프로를 자른다고요?
날더러 해고자 명단을 내놓으라고요?"

만수에게 무어라 말을 건네는 **할아버지 노동자**(60대 후반).

만수

(소리)

"나한테 일을 가르쳐 준 이 베테랑들의 이름...."

비닐 커튼을 지나는 만수, 찌는 듯이 뜨거운 드라이어 영역에서 일하는
앳된 노동자(20대 초)를 본다. 만수에게 엄지 척.

만수

(소리)

"이 공장에서 자란 아이들의 이름...."

세월의 풍파에 삭은 **털보 노동자**(40대)가 으르렁거리는 롤러 사이에 손을
뻗어 말라 가는 펄프를 만진다. 만수도 손을 대 본다. 눈빛을 주고받는
두 베테랑.

만수

(소리)

"이 기계들을 자식으로 여기는 이의 이름을....
이 순박한 노동자들한테 칼을 겨누라고요?
안 될 말이죠, 칼은 적을 찌르라고 있는 거 아닌가요?"

완성된 종이가 최종 가공을 위해 감긴다. 북채로 롤을 두드려 상태를
확인하다가 통로 반대편을 보는 만수. **미국인 대여섯 명**이 들어온다.
태양 제지 공장장(60대)이 안전모를 나눠 주면서 가이드한다. 만수와
직원들, 인상을 쓰며 노려본다.

만수

(소리)

“전 그 명단을 작성할 수 없슴다.”

3. 밖 – [태양 제지] 공장 뒤 야적장 (낮)

곧 펄프로 바뀔 통나무의 산 앞에서, 담배 뻑뻑 피우는 동료 셋을 앞에
놓고 리허설하는 만수. 트럭들이 일으키는 소음 때문에 고함치듯
큰소리로 –

만수

“미국에선 해고를 ‘도끼질한다’고 한다면서요?
한국에서는 뭐라는지 아세요?
(손날로 제 목을 스윽 긋는 시늉)
‘너 모가지야!’ 그러니까 해고란, 도끼로
사람 목을 댕강 자르는 짓이 아니겠습니까?”

일동 박수. 만수, 신이 나 기세를 이어 가려 하지만 다음 문장이 생각나지
않는다. 왼 손바닥을 내려다본다. 키워드들을 나열한 제 손글씨를
들여다보고 자신감을 되찾은 만수, 큰소리로 –

만수

“창업 때 선대 회장님께서 근로자 대표하고 약속을 딱 했다 이겁니다.
노조 안 만드는 대신에 평생 직장을 보장한다!
이게 신사협정이거든, 신사협정!
근데 아들 회장님이 이렇게 아름다운 전통을 헌신짝처럼….”
(트럭 하나가 가까이 지나가는 바람에 목소리를 잡아먹자 더 크게)

"헌신짝처럼 내버리고, 응? 당신네 미국 사람들한테 말이야...."
(소리가 갈라지자 기침을 하고)
아, 목 아파. 창고에서 하자니까 진짜.... 담배 피운다고 이게 뭐냐?
끊어라, 좀.

앳된 노동자

(미안한 표정)
우리 반장님 진짜 준비 많이 하셨네!

할아버지 노동자

나 몰라라 해도 되는데 이렇게 자기 일처럼....

만수

내 일이죠, 내 일! 여러분 짤리면 난 누구 데리고 일해요.

털보 노동자

(끄덕끄덕)
인간미 있어....

나머지 둘도 동의하는 끄덕거림. 만수, 이 평가가 퍽 마음에 든다.

4. 밖 – [태양 제지] 공장 앞 (낮)

공장장과 미국인들이 공장에서 우르르 나온다. 검은 에스컬레이드
두 대에 타기 전에 안전모를 벗는 미국인들. 만수가 급히 야적장 쪽에서
온다. 동료들이 따라와 지켜본다. 공장장의 부하 직원에게서 반납 상자를
빼앗아 드는 만수, 미국인들에게 접근한다. 시선은 인사 책임자에게 둔 채

손으로는 통역의 팔꿈치를 붙잡고 다급하게 –

만수
미국에선 해고를 '도끼질한다'고 한다면서요?
한국에서는 뭐라는지 아세요?

손날로 제 목을 그으려고 하는데 첫 문장 통역을 들은 인사 책임자가
난처한 표정을 지으며 –

인사 책임자
(영어)
미안합니다. 어쩔 수가 없습니다.

안전모 쓴 채로 급히 차에 타는 인사 책임자.

태양 제지 공장장
야, 안전모 줘야지! 헤이, 맨! ....왜 저래?

에스컬레이드 두 대 출발. 공장장, 상자를 들고 뻘쭘하게 선 만수를
돌아보며 걱정스레 –

태양 제지 공장장
너 혹시 **장어** 선물 받았냐?

불길한 느낌에 사로잡히는 털보 노동자와 할아버지 노동자, 마주 본다.
앳된 노동자만 못 알아듣고 갸우뚱.

태양 제지 공장장

아니지?

만수, 입은 약간 헤 벌린 채 멍한 눈길로 공장장을 보며 질문의 의미를
추측하려 애쓴다.

태양 제지 공장장

야, 유 반장?

5. 밖 – 만수 집 마당 (낮)

근심 어린 표정으로 멍하니 선 만수.

미리

여보?

만수

응?

만수, 퍼뜩 정신을 차린다. 첼로 케이스를 든 미리, 남편을 빤히 본다.
만수, 미소를 급조한다.

미리

할 애기 있다며.

만수

응? 까먹었다.

미리

회사 늦겠다, 당신.

만수

아.... 그렇지 그렇지!

첼로를 빼앗는 만수, 미리의 쏘렌토 뒷좌석에 싣는다. 모자끼리, 부녀끼리
포옹한다. 만수는 미리에 비해 자식을 더 오래, 더 세게 안는다.
리원은 책가방을 앞으로 메서 포옹할 때 밀착이 안 된다. 네 사람,
두 개한테 뽀뽀한다.

시원

(집을 가리키며)

시투 리투, 하우스!

시투 리투가 달려 들어가자 게이트를 잠그는 만수. 아들은 아빠 차에,
딸은 엄마 차에 탄다. 그랜저 운전석에 앉는 만수, 아내 차 출발하는
모습을 멍하니 지켜본다.

6. 안 – 취업훈련원 강의실 (낮)

30여 명의 [태양 제지] 해고자들 틈에 앉은 만수. 털보 노동자와 할아버지
노동자도 보인다. '멈췄으니까.... 생각하고! 행동하라!'라고 적힌 현수막.
전도사처럼 입고 조곤조곤 이야기하는 긴 생머리의 **여성 강사**(30대).
오른손 네 손가락 끝으로 왼 손목 안쪽을 톡톡 두드린다.

16

강사

맥박과 같은 박자로 혈을 자극하세요.... 몸과 영혼이
하나가 되도록 합니다.... 혈액은 희망을 싣고 순환합니다....

시범을 따라 자기 손목을 반복적으로 두드리며 스스로 바보 같다고 느끼는
사내들. 심지어 동작조차 따라 하지 않던 만수, 불현듯 화가 치밀어
올라 고함친다.

만수

25년이나 부려먹었으면서!

이런 상황을 수없이 겪어 본 강사, 다가와 만수 어깨에 손을 얹고 다
이해한다는 듯 끄덕끄덕. 식식거리는 만수.

강사

흐읍, 하아, 심호흡, 흐읍, 하아....

강사가 몸 건드리는 게 싫어서 이제 진정됐다는 듯 손짓하는 만수. 자기
방법이 잘 작동했다고 생각하는 강사, 미소 짓는다.

강사

흐읍, 하아, 흐읍, 하아....

7. 밖 – 테니스 클럽 (낮)

큰 기합 소리를 내면서 라켓을 휘두르는 미리, 집중한 눈빛과 빠른
발. 스매싱한 공이 라인을 넘어가자 크게 탄식하며 팔짝 뛴다.

미리는 승부욕이 있다.

8. 안 – 취업훈련원 강의실 (낮)

겹쳐 놓은 얇은 보드 몇 장을 드는 강사. 맨 위 보드에 '나는'이라고
적혔다.

강사

나는.... 나는.... 나는....

손짓하자 따라 하는 사람들. 흰 스티커를 주욱 뜯어내는 강사. '나는'에
이어지는, '좋은 사람이다'가 드러난다.

강사

좋은 사람이다! 나는 좋은 사람이다. 자, 세 번 따라 하세요.
나는 좋은 사람이다.

사람들, 복창한다. 특히 만수에게 강요의 눈빛을 보내는 강사.
결국 만수도 따라 하기 시작한다. 비로소 만족하는 강사, 보드를 휙 던져
버린다. 다음 보드에는 '실직은'이라고 적혔다.

강사

실직은....

무슨 말이 이어질지 궁금해진 만수, 지켜본다. 스티커를 떼는 강사. '내
잘못이 아니다'가 드러난다. 만수, 울컥.

강사

....내 잘못이 아니다.... 실직은 내 잘못이 아니다.

세 번 반복, 이번에는 관자놀이를 두드리며. 사람들 더 열심히 따라 한다.
3번 보드는 '사랑하는 내 가족은'으로 시작한다.

강사

사랑하는 내 가족은....

해고자들, 격렬하게 궁금하다. 스티커를 떼자 '내가 새 기회를 찾는
동안 온 마음으로 날 지지한다'. 모두 눈물을 삼킨다. 이마 한 가운데를
두드리는 강사를 따라 하면서 큰소리로 복창하는 사람들. 만수, 이제 누구
못지 않게 진심이다.

만수

....내가 새 기회를 찾는 동안 온 마음으로 날 지지한다.
사랑하는 내 가족은 내가 새 기회를 찾는 동안 온 마음으로
날 지지한다.

9. 안 – 취업훈련원 복도 (낮)

이어폰을 낀 만수, 창가 외진 데 서서 상대가 전화 받기를 초조하게
기다린다. 강의실에서는 강사의 선창에 따라 중얼중얼 자기 최면의
주문을 외는 남자들의 합창이 흘러나온다.

강사/해고자들

(소리)

나는 창피할 것이 하나도 없다....
나는 가족에게 감출 것이 전혀 없다....

만수, 막상 미리가 전화를 받자 움찔한다. 액정에 뜬 미리 얼굴.

만수

여보, 내가 꼭 할 말이 있어서. 이어폰 낄래?

말을 잇지 못하고 어금니를 꽉 깨무는 만수, 머릿속이 하얘졌다.
왼 손바닥을 내려다본다. 빨간 볼펜으로 적은 '멈췄으니까 생각하고 행동',
'3달 내 취업' 등의 키워드들을 읽으면서 혀로 입술을 적신다.

10. 밖 – 테니스 클럽 (낮)

코트 옆 벤치에 앉은 미리, 잔뜩 찌푸린 채 이어폰으로 만수 말을
듣는다. 옆 코트에서 혼자 서브 연습을 하는 **오진호**(40대 초)가 미리를
힐끔거린다. 미리는 역경을 만나면 더 강해지는 성격이다, 쾌활하게 웃는
표정을 만든다.

미리

당신 울어? 싱글맘한테 청혼했던 그 용감한 총각 어디 갔어?
나도 새출발했잖아, 당신도 할 수 있어.... 그래, 석 달 안에
될 거야.... 또 울어? 울라고 한 소리 아닌데? 울지 말라고 한 소린데!

진호의 시점 – 전화 끊는 미리, 고개를 푹 숙인다.
방금 남편에게 말할 때 보였던 씩씩한 태도와는 다르다.
가까이 다가온 진호가 걱정하는 표정으로 안색을 살핀다.

진호

미리 씨, 괜찮아요?

반사적으로 고개를 드는 미리, 얼빠진 눈으로 진호를 한참 보다가 또 고개 푹.

11. 안 – 취업훈련원 강의실 (낮)

뒷문이 살짝 열리고 통화를 막 마친 만수가 입장한다. 남은 눈물을 닦으며
살금살금 들어와 앉아 주변 사람들을 본다.

강사

각자 자기만의 주문을 외웁니다, 자발적으로 우러나는 소망과
염원을 담아! 자, 시~작!

해고자들, 하나같이 열심이다. 만수도 저만의 주문을 소리 내 읊으며
대열에 합류한다.

만수

새출발새출발새출발, 나는 남자다, 나는 가장이다, 나는 거듭난다,
나는 식구들 입에 밥을 넣어 주기 위해 무슨 짓이든 한다,
나는 내 집을 지킨다.

더 큰 소리로 말하고, 더 빠르게 양손으로 혈자리를 두드린다.
자신감이 생겼다, 잘 해낼 것이다, 웃음꽃이 서서히 피어난다.
익스트림 클로즈업 – 손가락이 두드리는 관자놀이에 정맥이 울룩불룩
움직인다. 심장 박동 소리.

만수

나는 석 달 안에 반드시 재취업에 성공한다.

12. 안 – 대형마트 매장 (낮)

자막 – 13개월 후. 직원 유니폼 입은 만수, 무거운 상자를 어깨에 메고
진열대로 가 내려놓는다. 수염이 싹 사라진 얼굴은 깔끔하다기보다는
좀 취약해 보인다. 그간 치통이 생겼는지 얼굴을 찡그리고 어금니 쪽
뺨을 마사지한다. 휴대전화가 울리자 이름을 확인하더니, 먼 진열대
앞에 서서 재고를 체크하고 있는 매니저의 눈치를 살피면서 몰래 받는다.
목소리를 낮추고 –

만수

어, 남구야. 알구 있어, 오늘 다섯 시.

남구

(소리)

형, 갑자기 미안한데요.... 혹시 **정오에** 와 주실 수 있을까?

만수

(재빨리 시계 보고)

지금 마트 와 있거든, 와이프하고.

남구

(소리)

아 씨, 사장이 갑자기 다섯 시 비행기로 쭝국 돌아가겠다고....
아무래도 어렵겠죠? 그럼 그렇게 얘기할....

만수

아니, 아니! 잠깐만, 잠깐만!
와이프한테 사정 좀 해 볼게.

13. 밖 – 대형마트 하역장 (낮)

트럭들이 짐 부려 놓는 데크에 서서, 굽실거리며 사정하는 만수와
뭐라고 설교하는 매니저가 조그맣게 보인다. 차량들이 내는 소음 때문에
말소리는 들리지 않는다. 매니저가 만수 몸 아래위를 손가락질하며
뭐라고 말하자 유니폼을 벗어 주는 만수. 챙겨 들고 떠나는 매니저. 만수,
속옷만 입은 채 고개를 푹 숙이고 분을 삭인다.

남구

(소리)

그래, 그럼 당장 오셔, 오시는데....
꼭 나오는 질문이, '당신의 단점은 뭐냐' 이거거든?
요거요거 중요미묘하니까 생각 좀 해 갖고 오셔요, 알았지?

14. 밖 – 만수 집 마당 (낮)

통화하면서 우편물 봉투를 뜯는 미리.

미리

단점?

만수

(소리)

아무리 생각해도 모르겠네....

미리

뭐긴 뭐야, 식물을 너무 사랑한단 거지. 식물인간이잖아, 너.

만수

(소리)

뭐야, 어젯밤엔 동물이라며.

(킥킥 웃는 미리)

면접 들어가야 돼, 끊어.

전화 끊는 미리. 봉투에서 나온 주택 담보 대출 체납 경고장을 읽으며
시름에 잠긴다. '본 통지서의 날짜로부터 2주 내에 주택 담보 대출
원리금을 상환하지 않으시면 아래 제시된 연체금이 발생하고 신용거래
관련 불편이 발생할 수 있어...'

15. 안 – [파피루스] 회의실 (낮)

긴 테이블을 채운 면접단 – 굳은 얼굴의 **중국인 사장**(30대)과 **통역**(20대),
한국인 **인사과장**(40대), 그리고 **최남구**(40대). 맞은편에 상기된 얼굴로
앉은 만수, 남구를 본다. 몰래 윙크하는 남구. 손수건으로 땀 닦으면서
미소 지으려고 애쓰는 만수.

중국인 사장

(남구를 가리키며. 중국어)

만일 [파피루스]에 채용된다면 최남구 씨 **밑에서** 일하셔야 됩니다.
어떻게 생각하시는지 말해 주십쇼.

만수
(떨리는 왼 다리를 누르려고 오른 다리를 포개며)
관리직이었다곤 하지만 사실 전 언제나 제가 블루칼라라고
생각하거든요. 지금 이런 본사 회의실 이런 덴....
내가 있을 곳은 그냥 시끄럽고 약품 냄새 진동하는 공장이다,
요게 편하다....

기습적인 치통 때문에 반사적으로 손이 뺨으로 올라가지만 가까스로
중간에 멈춘다. 그 올라간 손을 자연스럽게 처리하느라 제 넥타이 매듭을
만지며 –

만수
이런 옷두 무슨 레스토랑 지배인 된 거 같구요, 하하....

인사과장
질문을 잘 파악을 좀 못하시는 거 같은데. 최남구 씨를....

만수
아! 물론 파악했고요, 그러니까 제 말은, 공장에 있을 수만 있다면
누구 밑에서 일하느냐 이런 거 물론 안 중요하다! 이거죠.

좀 진정됐다 싶자 오른 다리를 내리는 만수. 양 주먹을 양 무릎에 얹고
바로 앉는다. 인사과장, '사장이 원한 답은 이거였어' 표정으로 –

인사과장

파피루스엔 남구 씨가 먼저 왔으니까 남구 씨한테 배우셔야겠죠?

만수

물론이죠! 전 항상 배우는 사람이니까요.
제가 고등학교 졸업하자마자 취업을 했잖아요,
근데 일하면서도 화학 학위를 땄거든요. 으음....
물론 통신대학이긴 하지만요.

왼 다리가 또 떨린다. 빠르고 힘차게 말하며 주먹으로 꽉 눌러 보지만
실패, 오른 다리를 얹어 진정시켰다가 곧 내려놓는다.

만수

물론 저는 그 후로도 계속 배워 나갔어요. 물론 그러면서도 **안전 관리**!
제가 2019년 '올해의 펄프맨' 상을 받았을 때 평가받은 것도 물론
그 부분이었습니다. 바로 그 해에, 제가 드디어
내 집 마련을 했는데요, 바로 제가 **태어난** 집을 샀거든요?
왜냐면, 물론....
아 이거, 제가 '물론'을 너무 많이 쓰죠? 하하하....
긴장해서 그렇다기보다는 그 어떤 자신감? 확신? 그런 거죠.
'물론'.... 하하하하하.

중국인 사장

(중국어)
실례가 안 된다면 당신의 단점이 뭔지 말해 줄 수 있습니까?

올 것이 왔다. 남구, 만수에게 몰래 고개를 끄덕한다.
만수, 기다렸다는 듯 자신 있게 -

만수

싫은데요.

모두 당황. 남구 입이 벌어진다. 잠깐 뜸 들였다 미소 짓는 만수.

만수

....라고 말하지 못하는 성격, 이게 제 제일 큰 약점입니다. 하하하!

16. 안 – [파피루스] 건물 복도 (낮)

면접을 마친 만수, 잔뜩 찌푸린 얼굴로 복도를 걸어 나온다.
남구가 뒤따라 나오면서 –

남구

치과 안 가요? 좀 가요, 좀.... 취직되면 또 바빠서 못 가잖아.
(고집스레 입 꾹 다문 만수를 보고 딱해서)
또또 그 이상한 똥고집.... [문 제지]는 알아보셨어?
(어리둥절해하는 만수의 귀에 대고 속삭인다)
[문 제지]가 일본 판로를 개척했다는 소문이 있으니까 한번
알아보세요. [태평양]도 연말에 구조조정 들어간대....

복도 갈라지는 곳에 이른다. 만수처럼 회색 정장을 입은 중년 남자가 –
우리가 다시 만날 **구범모**(50대)가 – 긴장한 얼굴로 대기실 의자에 앉아 네
손가락으로 관자놀이를 두드리며 중얼중얼 주문을 왼다. 남구, 멈춰 서서
만수에게 악수를 청하며 –

남구

그러니까 가을 가기 전에 꼭 자리 잡으셔야 됩니다!

17. 안 – 만수 집 온실 (밤)

각양각색의 식물과 원예 도구로 꽉 찬 공간, 만수의 작은 왕국이다.
화려한 꽃들 못지않게 분재도 많다. 랩탑의 유튜브 검색창에 '문 제지
공장'을 입력하는 만수. 공장 야적장에서 통나무의 산을 배경으로, 다양한
직업의 세계를 소개하는 **유튜버**(20대)가 **최선출**(50대)을 인터뷰하는
영상이 열린다. 자막 – '[문 제지] 특수제지라인 최선출 반장'.

선출

한국 제지 역사의 산 증인 문창호 회장께서 창업하신 이래 저희
[문 제지]는....

유튜버

(상대 기분 안 나쁘게 웃으며 말을 끊는다)
반장님, 반장님. 우리.... 종이는 어떻게 만드나,
그거 얘기하기로 했잖아요.
회사 홍보는 회사 채널에서 하시구요.

선출

(넉살 좋게)
아.... 기회 있을 때 홍보도 하고 그러는 거지.
유튜브, 다 그런 맛에 하는 거 아닙니까.
(카메라를 향해)
자, 종이는 어떻게 만드느냐! 딱 두 가지 말씀드릴게요.

흔히 제지 회사가 숲을 막 없애고 그런다고 아시는 분들이 있는데,
그거 아니거든요.

부러운 나머지 속이 상한 만수, 랩탑을 확 덮어 버린다. 작업 중인 분재
앞으로 간다. 소나무 가지에 굵은 구리 철사를 감아 성장 방향을 바꾸는
일에 집중한다.
가지의 익스트림 클로즈업 – 만수가 철사를 당기자 가지가 구부러진다.
다음 가지의 익스트림 클로즈업 – 이번에는 지나치게 조이는 만수.
으드득 소리까지 들린다. 가지를 파고드는 철사.
얼굴이 벌개지도록 힘을 주는 만수, 조이다 못해 아예 가지를 분질러
버린다. 저도 모르게 욕설 비슷한 소리가 새어 나온다. 인기척을 느끼고
고개 든다. 유리 너머 보이는 시원, 아빠의 낯선 얼굴을 멀뚱히 보다가
손으로 밥 먹는 시늉을 한다.

18. 안 – 식당 (밤)

저녁 메뉴는 미역만 든 미역국과 빈약한 반찬. 시원이 불만 가득한
얼굴로 깨작대면서 연신 태블릿 PC를 들여다보고 리원은 스케치북에
총천연색으로 복잡한 패턴을 그린다. 만수는 치통에 시달리느라 턱을
감싸 쥐고 밥도 잘 못 먹는다. 그래도 리원을 챙겨 먹여 주는 사람은
아빠다. 한 덩어리를 다 그리고 나서야 만수가 한참 들고 기다린 숟가락
한 입을 억지로 먹어 주는 리원. 미리는 식탁과 주방을 분주하게 오가며
큰소리로 떠든다. 의욕이 넘치다 못해 약간 흥분 상태.

미리

좋은 소식부터 – 엄마 파트타임 자리 구했어. 엄마 인제 일한다~

눈 휘둥그레지는 만수. 시원은 비로소 태블릿 PC로부터 눈을 들고 –

시원
맨날 우리 땜에 경단됐다고 하더니. 축하해, 엄마.

리원
축하해 엄마!

미리
고마워.

만수
어디 치과야?

미리
오진호 치과.

만수
오징어 치과가 뭐야?

미리
오, **진호**. 장난은 금지, 지금 이 순간부터 비상 상황이란 사실을
직시해 줬으면 해. 아직도 아파, 이빨?

만수
괜찮어.

미리

(아들의 태블릿 PC를 닫고 종이 한 장을 내밀며)

여기 적힌 것들 자제하기, 아빠 취직할 때까지.

리원이 레슨 빼고 필수적이지 않은 것들은 당분간 포기, 예를 들면….

시원

예를 들면 미역국의 쇠고기?

미리

예를 들면 내 차.

(한숨 쉬며 고개 끄덕이는 만수)

그리고 우리 집.

만수/시원

뭐?

리원

뭐?

미리

집 팔면 대출 갚고 대수동에 아파트 전세는 가능해.

경악하는 만수, 미리가 주는 주택 담보 대출 체납 경고장을 읽는다.

미리

석 달 내로 취직할 자신 있댔지, 그치?

난 그거 믿고 원래 우리 살던 대로

살았어, 퇴직금 까먹으면서. 인제 그것도 거의 바닥났고, 그치?

만수
여보, 이 집은…. 여기서 어릴 적 추억이 얼마나….
여보, 내가 다 말했잖아. 아홉 살 때부터
평균 열 달마다 이사 다니고, 그 기분 알어? 나아 죽을 때까지 살려고
무리해서 장만했잖아. 이 집 되찾으려고 얼마나 노력했어,
내가, 아니, 우리가!

만수의 '우리'를 강조하는 손짓에 그다지 설득되지 않는 미리. 만수는
거의 울기 직전이고.

미리
우리**와** 은행이지. 정확히 말하자면 **은행과** 우리고. 어쩔 수가 없어.

만수
내 손으로 창고 뽀개서 온실 짓고…. 내가 그네도 달고, 구석구석….

미리
여보. 어차피 집 뺏겨, 파산하면.
(만수, 말문 막힌다)
피아노하고 거실 탁자랑 소파, 티비, 커튼, 다 당근에 내놨어.
라켓도. 나, 테니스 포기.
(만수, 모욕감을 느낀다)
댄스 학원도 관두자. 당신 분재 잡지 끊고. 넷플릭스도 끊고.

시원이 태블릿 PC를 다시 펼친다. 만수, 아들을 노려본다.

시원
끊어지기 전에 하나라도 더 봐야지.

곧이어 넷플릭스의 두둥 소리. 일어나는 시원, 드라마를 보면서 계단으로
간다. 리원도 오빠 뒤를 졸졸 따라간다.

미리

동지들, 이제 나쁜 소식 차례야.

계단에 한 발 올려놓은 상태 그대로 멈추는 시원, 돌아본다. 경악한 표정.
리원도 똑같이 돌아본다.

시원

더 나쁜 게 있다고요?

리원, 따라 한다. 만수도 불안해진다. 심호흡하는 미리, 이윽고 단호한
표정으로 입을 연다.

미리

우리 형편에 이 많은 식구를 먹여 살릴 순 없다고 생각해.

만수

우리 식구가 뭐가 많다는 거야, 여보?

19. 밖 – 만수 집 앞 (낮)

개 두 마리가 미리 아버지의 개인택시에 탄다. 원래 쓰던 카시트를
뒷자리에 깔아 놓았다. 개들을 안고 안 떨어지려는 시원과 리원을 달래는
만수와 미리. 아이들 보기가 안쓰러워 한마디 하는 **미리 어머니**(60대 후).

33

미리 어머니

시원아 리원아, 할머니 집에 보러 오면 되잖어.

미리

시투 리투 다시 올 거야, 아빠 취직만 되면.

미리도 이를 악물고 슬픔을 참는다. 못마땅한 눈길로 만수를 보는 미리
부모. **미리 아버지**(60대 후)가 운전석에 탄다.
잠시 후 –
차 뒤창으로 옛 주인 가족을 보며 멀어져 가는 개들. 그들이 떠나기가
무섭게 또 다른 차가, 그것도 두 대나 와 선다. '저건 또 뭐냐....' 표정으로
돌아보는 만수와 시원/리원. 앞 차에서 **부동산 중개인**(40대)이 내리면서
높고 큰 목소리로 –

부동산 중개인

안녕하세요, 사모님!

미리

일찍 오셨네요!
(남편 눈치를 살피며)
부동산 분이셔.

부동산 중개인

안녕하세요, 사장님! 안녕, 얘들아!

꾸벅 인사하는 시원.

미리
(리원에게)
인사해야지?

꾸벅 인사하는 리원. 부동산 중개인의 차 뒤에 선 커다란 외제차에서 덩치
큰 중년 남자가 내린다. **이원노**(50대 초)의 등장에 놀라 아내를 돌아보는
만수, 속삭인다.

만수
집 보러 오는 게 저 새끼였어?

원노의 아내 **은미**(40대)와 아들 **동호**(14)도 내린다. 은미가 미리에게,
동호가 시원/리원에게 반갑게 인사한다. 바지 주머니에 손 넣고 선
만수의 팔짱을 끼는 미리, 다정한 아내 표정으로 손님을 맞는다. 입술을
최소한으로 움직이면서 속삭인다.

미리
왜 그렇게 싫어해, 원노씨.
당신 때문에 분위기 어색해진다구, 엄마들 모일 때.

원노
어이~ 친구!

멀리서부터 악수하자고 손을 뻗으면서 다가오는 원노의 거들먹거리는
태도는 위축된 만수와 명백하게 대조된다.

20. 안 – 거실 / 식당 (낮)

만수와 미리가 부동산 중개인과 원노 부부를 데리고 들어온다.

원노
어우, 오십 년도 넘은 집이 이게이게....

은미
거 봐.

부동산 중개인
거의 폐가였던 걸 이렇게 올수리 하셔가지구. 거듭났죠, 거듭났어.
(두리번거리며 혼잣말)
더 넓어진 거 같네...?

원노
요 앞 타운하우스 단지 있죠? 그 땅 원래 다 이 친구 아버지 돼지
농장이었어요, 몰랐죠?

부동산 중개인
아, 정말요? 아직까지 갖고 계셨으면 우와....

원노
(뒷마당을 가리키며 은미에게)
온실 싸악 없애고 연습장 만들면 딱이겠지?

퍼팅 시늉하는 원노. 우물우물 알아들을 수 없는 소리를 중얼거리더니
슬그머니 자리를 피해 계단으로 향하는 만수. 괜히 미리에게 와서

팔짱 끼는 은미. 막상 남이 집을 보러 오자 눈물이 날 것 같지만 미리는
그럴수록 활짝 웃는 사람이다. 구석구석 들여다보는 원노. 식당 유리
장식장의 제일 눈에 잘 띄는 자리에는 만수가 탄 [올해의 펄프맨] 트로피.
그 위 칸에는 덮개가 유리로 되어 안이 들여다보이는 나무 상자, 번호를
돌려 여는 작은 자물쇠로 잠겼다. 벨벳이 깔린 상자 안에는 북한제
64식 권총, 무공훈장과 군번줄, 군복 입은 만수 아버지 사진이 들었다.
참전 기장증에 새겨진 작은 글씨 – '월남, 1973'.

부동산 중개인
이 층부터 보면서 내려올까요?

21. 안 – 부부 침실 (낮)

외출복 바지로 갈아입던 만수, 일행이 들이닥치자 비틀대면서 침대에
쓰러진다. 허둥지둥 일어나 지퍼를 올린다. 흐트러진 침대를 서둘러
정리하는 미리. 부동산 중개인, 창을 가리키며 호들갑스럽게 –

부동산 중개인
저렇게 **옹골찬** 소나무를 매일 본다고 생각해 보세요.

만수
잣나문데요.
(원노에게, 웅얼웅얼)
그럼 보고 가, 난 세탁소 가야 해서…. 옷 찾아야 되거든…. 면접 때….

원노
(권총 쏘듯이 손가락으로 가리키며)

유 are 만수! 화이팅!

도망치는 남편을 안쓰럽게 보다가 고개 돌리는 미리, 방 한복판에 떡
버티고 선 원노를 본다. 침대에 털썩 앉는 원노, 스프링이 출렁출렁.
침대 주인과 눈이 마주쳤는데도 당황하지 않고 미소 짓는 원노. 미리,
반사적으로 은미를 돌아본다. 부동산 중개인과 방에서 나가고 있다. 미리
시선, 다시 원노에게. 시트를 쓰다듬는 원노, 여전히 흔들림 없이 느끼한
눈빛. 똑바로 응시하는 미리, 예의 바르게 웃어 주면서 거기 맞선다.

22. 밖 – 마당 (낮)

집에서 나오는 만수. 동호가 개집 앞 땅바닥에 주저앉아 혼자 말을 한다.
괴이쩍어 걸음을 멈추는 만수. 개집 안에서도 사람 웅얼거리는 소리가
나온다. 만수가 다가가 개집 하나를 들여다보면 시원이 들어앉아 동호와
대화 중이다. 아빠와 눈이 마주치자 옆 개집을 가리키는 시원. 보니 그
안에는 리원이 들었다. 울었는지 눈가가 부었다.

동호
집이 없어지면 시투 리투가 못 온대요.

만수
리원아. 우리 집 안 없어져. 아빠가 약속할게.

리원
(몸을 앞뒤로 흔들며 리드미컬하게)
시원리원시원리원시투리투시투리투....

좌절하는 만수, 무릎 꿇은 채 고개 푹 떨군다.

23. 안 - [문 제지] 화장실 / 복도 (낮)

타일 바닥에 무릎 꿇은 만수, 이력서와 자기소개서를 내밀고 있다. 출구가
막혀 쩔쩔매면서 서성대는 **문 제지 공장장**(60대).

문 제지 공장장
그렇다고 이렇게 무작정 오시면....

만수
자소서 한 번만 읽어 봐 주십쇼.

문 제지 공장장
나중에 채용 공고 뜨면 그때 제출하시고요.... 아 좀!
제가 회의 늦어서 그래요.

만수
와이프는 알바 나가고요, 딸아들 학원비에, 집도 내놓고,
넷플까지 끊구, 시투 리투도....

문 제지 공장장
예?

선출
공장장님?

화장실 앞을 지나가던 선출이 이 이상한 광경을 보고 멈춰 섰다.
구원자의 등장에 안도하는 공장장.

문 제지 공장장

어이 최선출!

선출이라는 이름에 온몸이 굳는 만수.

선출

무슨 일이십니까? 이분은 누구....

문 제지 공장장

[태양] 해고자라는데....

선출, 안타까워 큰 한숨 한 번 쉬고는 만수에게 –

선출

저기요, 아저씨.... 공장장 끗발 갖구 뭘 어떻게 할 수 있냐고요.

만수, 세상 모든 것을 다 가진 존재처럼 느껴지는 선출에게 얼굴을 보여
주고 싶지 않아 고개를 푹 숙인다. 망설이지도 않고 만수의 오른쪽으로
비집고 들어오는 선출. 만수, 선출의 다리 힘에 밀려 왼쪽 벽으로 붙을
수밖에 없다. 수치심에 사로잡힌 채 무기력하게 선출이 밀어 대는 대로
찌그러진다. 선출, 공장장을 향해 손 뻗으며 –

선출

나오세요, 형님.

선출이 만들어 준 좁은 길로 재빨리 빠져나오는 공장장.

문 제지 공장장
미안합니다.

선출
(공장장에게)
오줌은 다 싸고 당하셨어?

만수에게 관심이 생기는 선출, 허리 숙여 얼굴을 보려고 한다.
놀라우리만큼 민첩하게 팔을 들어 제 얼굴을 가리는 만수.

선출
어어?

만수 손을 붙잡아 내리려 든다. 파닥거리며 필사적으로 뿌리치는 만수.
공장장, 안쓰러워 못 보겠는지 나가 버린다. 허리를 펴는 선출, 만수를
내려다보면서 부드럽게 타이른다.

선출
쪽팔린 줄 아는 양반이 남 똥 싸고 오줌 싸는 데 와서
이게 뭐 하는 짓입니까?

선출, 사라진다. 멀어지는 목소리 –

선출
아, 형님. 우리 집 놀러 오라니까! 바베큐 맛있게 구워 주께....

비참하게 엎드렸던 만수, 일어선다. 겨우 감정을 추스리고 화장실을
나서는데 복도에서 선출을 딱 맞닥뜨린다. 정면으로 얼굴이 공개됐다.
만수 머릿속이 하얘진다. 선출이 손을 빠르게 들자 때리려는 줄 알고
만수도 주먹 불끈. 선출이 5만 원권을 손에 쥐여 주려고 하자 뿌리치는
만수. 당황하지 않고 기어이 가슴 주머니에 넣어 주는 선출, 만수 가슴을
툭 치며 -

선출

요 앞에 언덕에 [문샤인]이라고 쌩맥 잘하는 집 있거든?
션하게 한잔 하구 가쇼, 잉?

상대가 무안할까 봐 서둘러 사라지는 선출.

24. 안 – [문샤인 바] (낮)

이른 시각이라 카운터 앞에 앉은 만수 빼고는 손님이 없다. 파랗게
코팅된 큰 창을 통해 들어온 햇빛이 실내를 물들였다.
휴대전화로 최선출 인스타그램을 보는 만수. 꿈꿔 온 전원주택에서의
삶을 자랑하는 선출, 집 대문 옆 도로명주소가 보인다. 충혈된 눈으로
노려보던 만수, 이어폰을 빼지도 않은 채 슬쩍 눈만 들어 카운터 너머
무료하게 앉은 바텐더에게 말한다.

만수

같은 걸로 한 잔 더요.

애플주스 병을 갖다주는 바텐더. 만수, 얼음 녹은 잔에 주스를 붓는다.
진열장에서 제각기 매력을 뽐내는 술병들을 보며 입맛을 다시는 만수.

화풀이하듯 주스를 벌컥벌컥 들이켜더니 선출의 인스타그램을 본다. 웃통 벗은 선출, 집 뒤꼍에서 도끼로 장작을 팬다. 피드를 또 넘긴다. 거대한 바퀴를 단 튜닝 카를 세차하는 선출이 갑자기 멈추고 영상 통화 화면이 뜨자 깜짝 놀라는 만수, 발신자 – '부인씨'. 전화를 받으며 밝은 표정을 장착한다. 미리는 빨래를 널다가 전화를 걸었다.

만수

어, 여보.

미리

첼로 선생님한테서 전화 왔는데.... 거기 어디야?

만수

어?

미리

설마 술집이야?

만수

아냐, 아냐. 아니, 맞는데.... 아니야.

미리

미쳤어?

당황해서 어버버하다가 빈 주스병을 들어 보여 준다.

만수

나 이거 마셔. 진짜야.

카메라로 사방을 훑어 보여 주며 자신의 결백을 증명하는 만수.

미리

애플주스 마시려고 술집을 가?

만수

(신뢰가 가는 엷은 미소를 지으며)

여보.... 나 믿지?

미리

(누그러져서)

당연하지.

만수

첼로 선생이 왜?

25. 안 – 첼로 선생 아파트 (낮)

창밖 풍경으로 보아 초고층이다. 거실에 혼자 첼로를 끌어안고 앉은 리원,
활로 줄 하나를 튕기듯 짧게 긋는다. 왼손으로 길게 비브라토를 주면서
귀를 기울이는 리원. 이번에는 다른 현을 누르고 또 스피카토한다. 지잉-
가만히 듣는 리원.
침실로 가는 복도에 어정쩡하게 서서 대화하는 만수 부부와
첼로 선생(50대). 단호한 말투로 시작하는 첼로 선생.

첼로 선생

제가요.... 더 이상 리원이를 가르칠 수가 없네요.

(충격 받는 부부)
재능이 좀…. 지나쳐요.

안도하는 부부. 하지만 곧이어 미리, 관찰하듯 선생을 빤히 보면서 –

미리
어떻게 믿죠? 애가 연주를 들려주지 않는데?
토막토막 말고 들어 본 적이 없어요, 저흰.

첼로 선생
제가 왜 다른 선생한테 레슨비를 넘기려고 할까요?

미리
다른 선생이요?

첼로 선생
인제 음대 교수한테 배워야 돼요. 교수하는 제 동창한테
리원이 연주를 들려줬거든요?
(반색하는 만수에게)
하나 아셔야 할 건…. 레슨비가 저하곤 단위가 다르죠.
(서로를 보는 만수와 미리)
우리 리원이…. 독립된 개인으로 살게 하고 싶다고 하셨잖아요,
이 정도 투자는 하셔야….
에이 뭐, 리원이네는 여유 있으시니까.

무력하게 모퉁이 너머로 머리를 빼꼼 내밀어 딸을 바라보는 만수.
아직도 같은 동작만 되풀이하는 리원.

26. 안 – 첼로 선생 아파트 건물 엘리베이터 (낮)

만수네 식구, 32층에서 하강 중. 첼로를 멘 만수, 압력 때문에 불편을
느끼고 집게손가락을 귓구멍에 넣고 돌린다. 두 손가락으로 콧방울을 쥔
리원, 숨을 불어 막힌 귀를 뚫으려고 한다. 부모도 따라 한다. 만수, 코를
쥐고 앞을 본 채 아내에게 –

만수
여보, 나 진짜 아파트 싫어.

리원
진짜 싫어.

코를 쥔 채 '난 괜찮아' 표정을 고수하는 미리.

미리
나두 싫어, 싫은데 음대 교수는?

만수, 무력하게 리원을 본다.

27. 안 – 만수 집 거실 (밤)

그새 소파 앞 큰 탁자와 피아노가 사라져서 휑해 보인다. 리원, 헤드폰
끼고 바닥에 앉아 TV에 틀어 놓은 첼로 연주 영상을 본다. 외출복
차림으로 소파에 누운 채 스마트폰을 든 팔을 허공에 뻗은 만수. 게으르게
누운 자세와는 대조적으로 눈은 전혀 깜빡이지 않는다. 리원이 점점
TV에 붙어 앉는다. 만수, 점점 얼굴을 가까이 갖다 대면서 선출의 눈을

들여다본다. 마치 한자리에서 마주 보는 양, 두 남자 얼굴이 교차된다.

선출
....그거 아니거든요.
종이 만드는 나무는, 따로 키워서 베고 거기 또 심어서
키우고 베고 그러거든요. 그뿐이 아니고요, 재생이란 게 있어요.
폐지를 모아가지구 리싸이클하고 또 그 폐지 모아서 또 리싸이클하고.

미리
(소리)
뭘 그렇게 봐?

만수
(동영상을 멈추고)
지금 유일하게 잘나가는 회사가 [문 제지]거든,
일본 판로 개척해가지구.
거기 특수지 라인 반장이야.

주방에서 거실로 오는 미리, 오는 길에 리원이 앉은 방석을 뒤로 쑥쑥
잡아당겨 TV에서 떼 놓는다. 첼로 연주 구경에 넋이 빠져, 끌려가는 줄도
모르는 리원.

미리
딱 당신 자리구만? 일어도 꽤 하잖아, 당신.

소파에 온 미리, 비집고 들어와 눕는다. 동영상을 다시 재생하는 만수.
미리, 만수의 한 팔을 들어 제 머리 밑에 받친다.

선출

우리나라가 종이 재생 최선진국이거던요? 졸라 무한 재생!

미리, 선출이 괜히 얄밉다.

미리

말을 왜 이렇게 상스럽게 해? 우리 남편에 비하면 에이....
(만수, 아내가 사랑스럽다)
이 인간 벼락 같은 거 안 맞나? 비 오는 날 뾰족한 우산 쓰구 가다가.

만수, 헛웃음. 그다음에는 쓴웃음. 그리고 또 그다음에는 뒤늦은
깨달음의 광채.

28. 안 – [문샤인 바] (낮)

기분 좋게 웃는 선출의 얼굴, 볼이 빨갛다. 선출이 무슨 재미난 말을
했는지 팀원들이 웃는다. 카운터 앞에 등 돌리고 앉은 만수, 바텐더 뒤
거울을 통해 선출을 훔쳐본다. 저도 모르게 덩달아 웃는 만수. 점심 식사
손님들로 북적인다. 선출은 창가 자리에 앉아 팀원 셋과 식사 중이다.
팀원들은 생맥주, 선출은 위스키를 마신다. 선출, 기분 좋아져서 –

선출

사장님! 내 [스뱅] 한 잔씩!

‘최선출’ 이름표 달린 [스프링뱅크]를 꺼내는 바텐더, 글렌캐런 석 잔에
따른다. 부러운 눈빛으로 보는 만수, 제 애플주스를 멸시하듯 내려다본다.
바텐더가 술잔을 배달한다. 노동과 음주, 만수의 눈에 이 사내들은

세상에서 제일 행복하다. 건배하는 선출 팀. 캬! 하면서 오른 팔꿈치로 제
옆구리를 두 번 힘차게 치는 선출, 일어선다.

선출
먼저들 복귀해. 난 소화 좀 시키구.

알겠다는 대답과 동시에 가게를 나서는 사내들.
만수도 슬그머니 자리에서 일어난다.

29. 밖 – [문샤인 바] 인근 산동네 (낮)

집들이 다닥다닥 붙은 굽이굽이 골목길. 팔을 크게 휘두르면서 걷는
선출, 휘파람까지 불고 아주 에너지가 넘친다. 홀린 듯 따라가는 만수.
오르락내리락 우회전 좌회전, 좁은 길들을 익숙하게 걷는 선출, 계단을
척척 내려가더니 코너를 휙 돌아 시야에서 사라진다. 만수도 따라서
코너를 도는 순간, 멈춰 서 있는 선출을 보고 급히 몸을 돌린다. 도로
계단을 오르는 만수, 축대 위에서 내려다본다. 선출은 통화 중이다.
누군가에게 애원하고 있다.

선출
들어와서 일주일만 살아 보라니까. 아파트하곤 비교 자체가 불가지!
....여보 여보, 아니.... 집에서 바베큐 한 번은 해먹어야지!
....술은 빼고지, 당연히.

바닥에 놓인 크고 작은 화분들이 만수의 눈에 들어온다. 그중 하나가
딱 선출 머리 위다. 떨어지면 정통으로 맞겠다. 발을 화분의 윗둘레에
올리는 만수, 살짝 힘을 주어 본다. 화분이 끄떡끄떡. 선출, 통화하면서

무심히 두 걸음 앞으로 나아간다. 그 바람에 화분을 밀어 떨어뜨려서는
맞출 수 없게 되어 버렸다. 만수, 주위에 누가 없는지 확인하고
제일 커다란, 빨간 고추가 주렁주렁 달린 화분을 들어 머리 위로 올린다.
입술은 바짝 마르고 눈도 충혈됐다. 얼마 전에 물을 줬는지, 화분
바닥에 뚫린 구멍으로 흙탕물이 쪼르륵 흘러내린다. 만수의 정수리에서
이마로. 뒤로 점집 문이 열리고 **점쟁이**(70대)가 나와 만수가 뭐하나
지켜본다. 긴장한 데다 무겁기도 해서 만수의 팔이 파들파들 떨린다.
결심을 못 하고 한참을 뜸들이다가 갑자기 어디에 생각이 미쳤는지
눈이 커진다. 시선이 선출에서 먼 하늘로 이동한다. 또 생각. 팔에 힘이
빠지면서 화분이 조금 내려간다. 전화기를 주머니에 넣고 다시 걷기
시작하는 선출을 그냥 보내 주는 만수.

점쟁이

근력 운동?

천천히 돌아보는 만수, 딴생각에 사로잡혀 점쟁이가 눈에 들어오지도
않는 듯하다. 다시 제 앞을 본다. 화분을 제자리에 얌전히 내려놓으며
중얼중얼하는 뒷모습.

만수

아니, 얘가 없어진다고 해서 그 자리를 내가 차지한다는 보장이
없잖아요, 보장이....

점쟁이

거 차지해서 뭐하게.

무릎에 힘이 풀려 풀썩 주저앉는 만수, 입은 헤 벌어지고 눈에는
공포가 가득.

50

만수
자리 하나 놓고 경쟁이 얼마나 치열하겠어, 안 그래요?

점쟁이
뭐 그렇게 경쟁이 심한 자린 아니긴 한데....

만수
(혼잣말 시작)
아이 참, 클났네....
(선출이 사라진 방향을 다시 보며, 자신 없는 태도로)
한 열 명?

그동안 미처 의식 못했던 먼 풍경에 눈이 닿는다.
만수 시점 - 연기를 뿜는 굴뚝의 끝.

만수
(소리)
일곱.... 정도?

천천히 일어서는 만수, 조금씩 자신이 붙는다.

만수
다섯?

만수 시점 - 뱀처럼 굽이굽이 꿈틀대는 강, 그 끝에 바다와 항구에 쌓인
통나무들, 그 앞에 자리 잡은 거대한 공장의 늦은 오후 햇빛을 받아 빛나는
주름진 쇠 지붕, 굴뚝에 세로로 페인트칠 된 글자 - [문 제지].
궁극의 목적지를 내려다보는 번뜩이는 눈에 담긴 무서운 결의. 스스로에

대한 더욱 공정한 평가 결과 –

만수
셋?

잠시 결의를 다지는 시간을 가진 다음 몸을 돌리는 만수,
화분을 가리키며 점쟁이에게 –

만수
이거 파세요.
(지갑을 꺼내며)
얼마 드리면 돼요?

점쟁이
쟬 팔면 내가 평생 고추를 사 먹어야 되잖아, 그럼 그 고추 값이....
(스마트폰을 켜며)
간단한 계산은 아닌데.... 우선 내가 몇 년을 더 살지부터....
(계산기를 두드리며)
기둘러기둘러.... 이게 보기보다 비쌀 수가 있어, 각오해.

30. 밖 – 만수 집 마당 (해거름)

고추 화분과 쇼핑백을 들고 귀가하는 만수. 소파에 무릎 꿇고 앉은 리원,
거실 창에 바짝 붙어 만수를 본다. 만수는 앞만 보고 걷느라 못 봤다.
테이블 세팅 중인 미리도 만수를 발견한다. 식당의 열린 창을 통해 –

미리

어디 가? 밥 먹자.

만수

어? 어.... 요거만 좀 갖다 놓고.

화분을 들어 보인 다음 턱으로 온실을 가리키며 발길을 재촉하는 만수.
미리, 한숨.

31. 안 – 온실 (해거름)

만수, 화분을 작업대에 놓고 쇼핑백에서 구형 폴더폰을 꺼낸다. 제
스마트폰에 미리 검색해 둔 잡지 [펄프멘]의 전화번호를 폴더폰에
입력하고 전화 건다. 상대가 받기를 기다리며 쇼핑백에서 또 다른 물건을
꺼내는 만수. 프라모델 상자다.

만수

....수고하십니다, [펄프멘] 광고 담당자시죠?

상자 뚜껑에 인쇄된, '북한제 64식 권총'이라는 글자와 식당 장식장에
놓인 것과 똑같이 생긴 권총의 사진.

32. 안 – 범모 집 주방 / 거실 (낮)

커피잔 클로즈업 – 커피가 뚝뚝 떨어지기 시작. 검은 한복을 입은
아라(40대), 기계의 커피 추출을 기다리며 머리를 바짝 뒤로 당겨

묶느라 바쁘다. 더러운 파자마 바람으로 소파에 앉은 범모, 밤새 마셔서
초점 흐려진 눈으로 소주병을 노려본다. 헛손질 한 번 하고 나서야
병을 잡는데 성공한다. 아라, 텀블러에 커피를 붓고 흰 무명으로 만든
머리핀을 꽂으며 –

아라

어이…. 웬만하면 그 잠옷 좀 내놓으시지, 빨게?
백 년 만에 샤워도 하고.
그리구 저 배나무 다 죽일래? 벌레가 새카매.
(범모, 방귀를 길게 뀐다)
야! 나까지 죽일래?

낄낄 웃는 범모. 코를 틀어막는 아라. 범모, 티셔츠와 바지를 벗어 바닥에
떨군다. 어처구니가 없어 일 초라도 꼴을 안 보려고 서둘러 집을 나서려는
아라, 현관 앞에 배달 온 잡지를 집어던진다. 멀리 날아가 범모 머리에
정통으로 맞는다. 아라는 힘도 좋고 조준도 잘한다. 무표정으로 잡지를
줍는 범모.

아라

취해서 아픈 줄도 모르지? 너 그거 마비야, 마비!

범모

(나훈아 창법으로)
어쩔 수가 없어요, 벌레가 끓어서 그래요. 그러니까 나한테….
(술병을 들어 보이며)
….약 좀 쳐 주세요.

약 먹듯이 크게 꿀꺽 한 모금 하는 범모.

아라

으이그.... 나 오늘 늦는다, 오디션 끝나고 약속 있어.

나가면서 문을 탕 닫는 아라. 범모, 팬티바람으로 묵묵히 봉투를
찢고 [펄프멘] 잡지를 읽기 시작한다.
광고 지면 클로즈업 – 힘차고 유머러스하게 들리려고 애쓰는 만수의
음성으로 낭독.

만수

(소리)

종이는 우리의 삶입니다!
가칭 [레드페퍼 페이퍼]에서 라인 매니저 급구 –
제지 또는 화학공학 석사 학위 소지 필수, 일어 구사자 우대.

33. 안 – 만수 집 온실 (낮)

고추 화분을 안고 카메라를 향해 말하는 만수.

만수
저희 가칭 [레드페퍼 페이퍼]는
아직 이름을 밝힐 수 없는 유럽계 및 일본 제지사와
함께 3개사 조인트 벤처 설립을 한국에서 준비 중입니다.
저희의 목표는 특수 보안 용지에 특화된
최고급 부티크 팩토리입니다.

34. 안 – 범모 집 거실 / 주방 (낮)

적막하다. 만수의 광고를 읽는 범모 눈동자, 초점이 살아났다.
머리를 바로 세운다. 허리를 편다. 목젖에 침이 꿀꺽.

만수

(소리)

이에, 2년 후 스위치 온 예정으로
제조 라인을 구축하고 관리할 매니저를 구합니다.
주의 – 우리는 기계의 톱니바퀴가 아니라 가족을 찾습니다.

잠시 후 –

막 샤워를 마쳤는지 머리카락이 젖은 범모, 깨끗한 바지와 티셔츠로
갈아입었다. 소주병을 따 술을 싱크대에 콸콸 따라 버린다. 그렇게 비운
술병이 다섯 더 있다. 많이 울었는지 눈이 퉁퉁 부었고 양 콧구멍 주변
피부가 빨갛게 일어났다.

만수

(소리)

당신의 취미, 성격, 가족에 대해 알려 주세요.
틀에 박힌 지루한 자소서는 사절입니다.
사진은 클수록, 최근 것일수록 좋습니다.
경기도 구종시 중앙우체국 사서함 76호로 보내 주세요.
인터넷 접수는 단호히 거부합니다. 제지 업계에 있는 우리가
종이를 안 쓰면 누가 쓸까요?

35. 안 – 음악감상실 (낮)

작업복 점퍼까지 입고 들어오는 범모, 오디오 기기에 전원을 넣는다.

범모

(소리)

제 이름은 구범모입니다.
보강폴리머지 못지않게 질긴, 저와 종이의 인연은
제가 태어나기도 전에 이미 시작되었습니다.
1세대 제지맨이었던 큰아버지의 권유로
강원대 제지공학과에 들어갔으니 말이죠.

진공관들이 예열되기를 기다리면서 타자기를 가져와 탁자에 놓는다.

범모

(소리)

1999년 해병대 제대 직후 [남선 제지] 입사,
2013년부터 고객 대부분이 방위 산업체였던
보강폴리머 생산 라인의 책임을 맡았습니다.
2023년 국방부의 전략 변화에 따라 생산 라인이 폐쇄되자
그 여파로....

김현식 음반에 바늘을 올리고 의자에 와 앉는 범모. [이별의 종착역]이
흘러나온다. 점퍼 등판에 적힌 글씨 – [남선 제지]. 커버를 벗기자
타자기가 모습을 드러낸다. 오랜만에 반갑다는 듯 손으로 한번 쓸어
주는 범모. 단정하게 쌓아 둔 고급 타자 용지 뭉치에서 한 장을 든다.
오른손 엄지와 검지 사이에 종이를 잡고 비비면서 음미한 다음 높이 들어
햇빛에 비춰 본다.

두꺼운 종이의 결이 생생히 보이는 클로즈업, 타자기 해머에 의해 깊게
파이듯 새겨지는 글자들 – '제 이름은 구범모입니다.'

범모

(소리)

2018년, 펄프맨 협회 선정 [올해의 펄프맨] 수상.
지난 직장과 다음 직장 사이인 상태로 8개월을
지낸 저는 이제 배터리가 완전히
충전되었음을 느낍니다. 긴 자유 시간 동안 저는
제지와 폴리머 공학의 최신 이론을 공부했습니다.
현재 저의 가장 큰 집념은 폐지 재생에 있어서
잉크의 비관습적인 제거 문제로....

36. 밖/안 – 우체국 앞 / 만수 차 (낮)

만수, 백 통은 됨직한 우편물 뭉치를 들고 우체국에서 나와 리원이
기다리는 차로 온다. 만수는 이제 회색 – 물론 중고 – 구형 아반떼를 몬다.
조수석 창 너머로 리원에게 서류 봉투들을 건네는 만수, 운전석으로 가
탄다. 리원, 봉투를 하나씩 넘기면서 수신인 이름을 반복해서 소리 내어
읽는다. 모두 [레드페퍼 페이퍼] 인사과장 앞으로 왔다. 시동 거는 만수.

범모

(소리)

철저한 아날로그 인간으로서 저는, 음악은
바이닐로만 듣고 사진은 필름으로만 찍으며
편지는 오로지 종이로만 씁니다.
이제 저는 자유로운 입장에서 경험과 전문성을

특수지 업계의 젊은 회사에 바치고 싶습니다. 제 도전 정신이....

37. 안 – 만수 집 온실 (밤)

받아온 우편물들을 하나씩 뜯는 만수, 이력서와 자기소개서를 꺼낸다.
이력서들을 검토해, 빨간 색연필로 밑줄 긋고 동그라미 쳐 간다. 시험지
채점하는 교사 같다. 빨간 표시 클로즈업 – 여기 명문대 이름 하나, 저기
수석 졸업 하나, 업계 수상 경력, 일어 실력 등.
선별하다가 멈추는 만수, 고압 전류처럼 턱을 울리는 치통에 신음한다.
서랍에서 진통제를 찾아 먹는다.
채점을 마친 만수, 고득점자 네 명을 택하고 나머지 구십몇 통의 이력서와
자기소개서들은 쓰레기통에 버린다. 이 네 사람 서류를 재검토해
보지만 선택이 너무 어렵다. 고심 끝에 좋은 생각이 난 만수, 서랍에서
자기 이력서를 꺼내 최종 후보들과 섞는다. 자기 포함 다섯 사람을
객관적으로 비교해 순위를 매기는 만수, 자기가 4등이 되었다 2등이
되었다 오락가락한다. 결국 3등으로 정해진다. 제 위로 구범모와 고시조.
두 사람을 비교해 거기서도 순서를 정한다. 빨간 색연필로 사진에 등수를
적는다. 범모 얼굴에 커다랗게 '1', 시조에 '2'.
열쇠로 서랍을 연다. 권총 프라모델 상자를 꺼내 열면 업계지에서 찢어 둔
선출 사진이 크게 실린 인터뷰 페이지가 보인다.
선출 사진에 '3'이라 적는 만수, 그 위에 두 이력서를 올린다. 첫째 타깃
범모의 얼굴이 맨 위에.

38. 안/밖 – 만수 차 / 신도시 (낮)

단정한 면접 복장을 한 만수가 운전한다. 건설 중인 고층 아파트들이

즐비한 길을 달린다. 거대한 회색 콘크리트 덩어리들이 도미노처럼
늘어선 황량한 풍경. 중앙 도로 말고는 포장도 되지 않아 덤프트럭들이
다닐 때마다 흙먼지가 날린다.

39. 안/밖 – 만수 차 / 범모 집 앞 (낮)

김현식 목소리가 뚝 끊기고 교외의 한가로운 새소리만. 차 세워 놓고
쌍안경으로 집을 살피는 만수, 계절에 안 어울리게 헐벗은 배나무를
발견한다. 병충해로 죽어 간다.
만수의 심리적인 비전으로, 얼마 안 남은 배나무 잎 하나의 클로즈업
– 잎맥만 생선 가시처럼 앙상하게 남았다. 조금 남은 살점을 열심히
갉아먹는 십이점박이잎벌레. 무시무시한 사각사각 소리.
만수, 나무를 한동안 보다가 현관 앞에 달린 감시카메라를 확인한다.
좌절의 한숨.

40. 밖 – 범모 집 근처 지선도로 (낮)

한적한 차로의 갓길에 주차하는 만수, 내린다. 주위를 살핀 다음, 범모 집
뒷동산으로 올라가는 만수.

41. 밖 – 범모 집 뒷동산 / 뒤꼍 (낮)

단풍으로 물든 작은 산을 넘어오는 만수, 범모 집의 뒤를 내려다보는
위치에 이른다. 쌍안경으로 보니 여기도 감시카메라가 있다. 고심하다가
제 스마트폰을 꺼내 어디론가 전화를 거는 만수.

										만수
						어, 남구야. 잠깐 통화 가능?
					....혹시 말야, 면접 결과 아직 안 나왔나 해서.... 아....
			미리 들은 거 좀 없어? 결과를 알아야 내가.... 아니, 내가 어떤 계획을
					추진 중인데, [파피루스] 결과에 따라서 내가 이걸.... 아, 바쁘지?

멀리 아래 범모 집의 – 문이 아니라 – 창을 열고 누가 몸을 내민다. 고동색
라이더 가죽점퍼를 입은 남자가 – 우리가 다시 만날 **이준오**(30대 초)가 –
뛰어내리더니 화분 뒤에 숨겨 둔 오토바이 헬멧을 집어 든다. 서둘러 통화
마무리하는 만수.

										만수
						....그래, 미안.... 어, 그래.

만수, 재빨리 쌍안경으로 얼굴을 확인하고 가져온 범모의 사진과도
비교한다. 다른 사람이다, 너무 젊다. 게다가 두리번거리며 뒷동산으로
향하는데 그 걷는 방향이 희한하다. 보이지 않는 줄을 밟고 가는 사람처럼
조심조심 지그재그, 최단거리가 아닌 코스를 걷는다. 만수, 감시카메라를
확인한다. 방향과 꺾인 각도에 주목한다. 이제 이 남자의 행동이 이해가
된다. 그 역시 이 집에 들어와서는 안 될 인물이다. 젊은 남자가 동산을
오르자 가까워지기 전에 재빨리 자리를 뜨는 만수.

42. 밖 – 만수 집 마당 (해거름)

막 주차한 차에서 내리는 만수, 그네 타는 딸을 발견한다. 한 발로 땅을
살짝 차 정확히 같은 각도로 오가는 그네. 그 위에 대롱대롱 매달린 작은
블루투스 스피커에서 첼로 독주곡이 나온다.

만수

리원이 오늘 하루는 어땠어?

앞에 가 서는 만수, 딸의 얼굴이 멀어졌다 가까워졌다 한다. 말하면서
조금씩 다가간다.

만수

아빠 힘들었어.... 어떤 집에 잘생긴 배나무가 있는데
벌레가 끓어가지고 다 죽어 가더라? 아빠 맘이 아팠어.

양손을 드는 만수, 손바닥을 펼친다. 리원이 발바닥으로 하이파이브하듯
아빠 손바닥을 민다.

리원

우리 형편에 이 많은 식구를 먹여 살릴 순 없다고 생각해.

만수, 쓴웃음. 집 현관을 향해 발을 돌린다.

43. 안 – 만수 집 온실 (밤)

플라스틱 권총을 조립하는 만수.

44. 안 – 식당 (밤)

어둡다. 살금살금 다가오는 만수, 조심스레 장식장 문을 연다.
허리춤에서 프라모델 권총을 꺼낸다. 장식장 안, 유리 덮개가 달린 나무

상자에도 똑같이 생긴 권총이 있다. 상자 자물쇠를 열고 진짜 권총과 몰래
바꿔친다.

45. 안 – [오진호 치과] (낮)

환자의 이를 방사선 촬영하는 미리, 치과 유니폼을 입었다.

미리
수고하셨습니다. 대기실에서 기다려 주세요.

환자를 대기실로 안내하는 미리. 접수 보는 간호조무사 **민지**(30대)가
눈짓을 하자 고개 끄덕이고 진료실로 간다. 한 환자가 진료 의자에 앉아
대기 중이다.

미리
오래 기다리셨죠, 선생님 오시기 전에 잠깐 체크 좀 할게요.
(환자 의자 등받이를 눕히며)
아 해보....

환자가 은미라는 사실을 알고 놀란다. 상대방도 마찬가지.

은미
뭐야, 자기가 왜.... 간호사였어?

미리
치위생사야. 다른 거야.
(잠시 어색한 침묵)

63

댄스 배우는 시간 아냐?

은미

이빨 아파서 못 갔지....

미리

그럼 아~ 해 봐.

은미의 벌어진 입에 치경을 집어넣는 미리. 치경 때문에 웅얼웅얼
말하는 은미.

은미

그래두 댄스파틴 올 거지?

미리

학원 관뒀는데 어떻게 가.

은미가 뭐라고 웅얼거리는데 진호가 나타난다. 미리의 어깨에 가볍기
손을 올리며 –

진호

이 선생님, 퇴근하세요. 리원이 데리러 가야죠.

재빨리 자리를 비켜 주는 미리. 진호와 미리를 번갈아 보는 은미.

46. 밖 – 범모 집 뒷동산 (낮)

만수, 쌍안경을 꺼낸다. 범모 집 2층 음악감상실이 들여다보인다.
음반이 가득 꽂힌 장과 오디오 장비들. 사람은 없다.
아래서 인기척이 나자 재빨리 수풀에 숨는 만수. 한 남자가 집 쪽에서
올라온다. 바싹 마른 입술을 핥는 만수, 범모의 사진과 비교한다. 사진 속
깔끔한 모습과는 달리 부스스한 머리를 하고 있지만 확실히 범모다.
피크닉 바구니를 든 범모, 지팡이로 바위를 툭툭 건드리면서 걷는다.
만수 앞을 지나간다. 조용히 일어서는 만수, 권총을 겨눈다. 덜덜 떨리기
시작하자 왼손도 올려 꽉 잡는다. 양손이 다 떨린다. 땀이 흘러내리더니
눈에 들어간다. 옷소매로 땀을 닦고 끔뻑거린다. 손바닥에 흥건한 땀을
옷자락에 문질러 닦는다. 만수의 시점 – 가늠자와 가늠쇠, 범모의 등이
한 줄에 선다.
슬라이드를 당기는데 기분 탓인지 고물이라 그런지 소리가 엄청나게
크게 느껴진다. 뒤에서 지팡이로 바위를 치는 소리가 들리자 반사적으로
푹 주저앉는 만수, 몸을 숨긴다. 범모가 돌아본다. 아라가 지팡이를
휘두르며 나타난다. 긴 머리를 묶고 챙 넓은 모자, 통 큰 치마에 가죽 부츠.
남편 따라잡느라 서둘러서 그런지 뽀얀 양 볼에 관능적인 홍조가 어렸다.
아라, 말아서 겨드랑이에 낀 담요를 보여 주며 –

아라
담요 없으면 등 배긴단 말야.

범모
(나란히 걸으며, 능청스럽게)
누워서 뭐 할라구, 뱀 나오는데?

아라

으이구....

다 알면서 왜 이러느냐는 듯 등짝을 치는 아라. 가볍게 쳤는데도
어구구구 하며 휘청거리는 범모. 까르르 웃는 아라, 범모에게 팔짱을
낀다. 장난기는 잠시, 범모는 다시 무표정. 아라, 입 벌리고 햇빛을
얼굴에 받으며 걷는다. 두 사람 뒤로 멀리, 허리 숙인 만수가 민첩하게
지그재그로 뛰었다 숨었다 하면서 따라온다.

범모

면접 보러 오라는 연락이 안 와....

아라

오겠지. 당신두 나처럼 해 봐.

범모

(힐끔 돌아보며 무성의하게)

뭘?

아라

(입 벌리고 말하느라 어눌한 발음)

바람을 햇빛에 쌈 싸 먹어. 단풍에 듬뿍 찍어서.

범모

그래도 항상 면접까진 갔었는데....

범모의 안절부절못하는 태도가 맘에 안 드는 아라, 멈춰 서서 소리 빽 –

아라

그럼 나는?

(놀라서 돌아보는 범모)

나 오디션 또 떨어졌어.

범모, 걸음을 멈춘다. 아라, 제 뺨을 꼬집으며 –

아라

너무 탱탱한 거지, 남편 잃고 울부짖는 여인이라기엔.

그래도 오랜만에 [문예회관] 가니까 좋더라.

(종종종 걸어가 남편 팔짱을 끼며 다시 걷기 시작)

정전된 날 밤 기억나? 우리가 처음으로 같이 연극 본 날.

좁은 공터에 이르는 부부. 만수도 조금 떨어진 나무 뒤에 숨는다. 담요를
펴고 앉는 범모, 바구니에서 도시락을 꺼낸다.

아라

2막 중에 갑자기 불이 나갔잖아. '오, 혁신적인 연출이네' 생각했지.

비상구 등까지 꺼지니까 사람들 패닉하고 여자들 비명이 막....

나두 공황 땜에 미치기 직전이었는데 그때 나타난 거야.

어디선지도 모르게 갑자기, 가로등 켜지듯이.... 당신 얼굴이.

플래시백 – 지포 라이터를 켜자 극장의 어둠 속에서 빛을 받는 젊은
범모의 얼굴, 미소 짓는다. 젊은 아라, 매혹된다.

아라

(소리)

미소 지으면서.... 뒷걸음치면서.... 문으로 날 이끌어 주면서.

(젊은 범모가 말하는 모습에, 목소리는 계속 아라)
"아라 씨, 나만 따라와요, 나만.... 아라 씨...."

튀긴 닭다리를 눈앞에 든 범모, 들여다본다. 라이터 든 모습과 비슷하다.
담뱃불 붙이면서 꿈꾸듯 혼잣말하는 아라.

아라
난 그때가 제일 순수했던 거 같애, 오동통하니....

닭고기를 한 입 크게 베어 무는 범모, 휴대전화를 꺼내 [레드페퍼
페이퍼]에서 온 문자나 메일이 없는지 확인한다.

아라
그날 난 첫 키스를 허락했지.... 당신이 뭐랬는지 기억나?
(범모, 닭고기 씹으며 절레절레)
"아라 씨 입술은 최상급 오카모토 습자지보다 부드럽습니다."

만수, '아, 이름 틀렸는데!' 표정. 아니나 다를까, 범모도 우물우물 –

범모
아키모토. 오카모토 아니고.

아라
(대사 틀린 배우처럼 바로, 아까와 똑같은 톤으로)
"아라 씨 입술은 최상급 아키모토 습자지보다 부드럽습니다."

슬쩍 제 입술을 만져 보는 만수, 오류가 바로잡혀 속 시원할 뿐 아니라
그럴싸한 비유라 입가에 미소가 돈다.

[레드페퍼 페이퍼]로부터 아무 연락이 없었다는 사실을 확인한
범모, 착잡하다. 닭다리를 뜯는다, 기름이 턱을 타고 떨어진다.
그 꼴을 보고 있자니 아라는 기분을 잡친다. 생각의 연쇄를 따라가다
혼자 괜히 열이 오른다.

아라
종이, 종이, 그놈의 종이!
아빠가 카페 차려 준다고 그렇게 말해도 그저 종이 아니면
안 된다고! 재취업해 봤자 끽해야 육칠 년 다니면 정년인데
그 담엔? 백세시대에, 엉?
당신 그 좋은 오디오 갖다 놓고, 응? 음악 카페 내면 더 벌 수
있다고! 요즘 내가 어떤 줄 알아? 미친년처럼 울부짖으면서 이 산
저 산 막 뛰어다니고 싶어! 나도 너네 그 잘난 제지 기계하고 똑같아.
방치하면 고장 난다고! 듣구 있냐? 니 마누라 고장 났어,
빨리 니 그 윤활유 가져와서 듬뿍 뿌려 달란 말야!
안 그러면 너 내가 박박 찢어 버릴 거야, 습자지처럼!

만수, ‘방치하면 고장 난다’는 대목에서 뒤통수를 세게 얻어맞는 기분이다.
남 얘기 같지가 않다.

범모
내가 종이밥 먹은 지 이십오 넌이야, 여보....
난 이렇게 살게 돼 있어, 어쩔 수가 없어.
종이 너무 미워하지 마.
당신도 내가 종이 만들어서 번 돈으로 먹고살았잖아.
그 돈두 내가 만든 종이로 만들구 너 피우는 담배 필터 그것두 종이야.
(불현듯 깨달음)
“우리가 종이를 안 쓰면 누가 쓸까요?”

아라

뭐?

범모

(허둥지둥 일어서며)

문자나 메일로 통지할 리가 없잖아. 우편함에 가 봐야겠어.

정신 나간 사람처럼 서둘러 집으로 향하는 범모, 만수 앞을 지난다.
쫓아가고 싶지만 아라 때문에 꼼짝 못 하는 만수.
벌떡 일어서는 아라, 손에 잡히는 대로 돌멩이를 주워 던지면서 울분을
마구 쏟아 낸다.

아라

인제 다 끝이야! 이 공감 능력 부재 비실비실 새끼야!

등짝에 두 번 돌을 맞는 범모, 어쿠 어쿠 아파하면서도 웅크린 자세로 계속
뛰어간다.

47. 밖 – 만수 집 마당 (낮)

앞뒤로 크게 오가면서 그네를 타던 미리, 휙 날아 멋지게 착지한다.
결심한 표정으로 개집을 향해 척척 걸어간다. 아빠다리를 하고 앉는다.
개집 안에 웅크려 종이접기를 하는 리원. 이미 접어 놓은 노란색 종이
동물이 30마리.

미리

리원아, 너 좋아하는 '포카' 있잖아.

요번 주말에 엄빠 춤추러 갈 때 그렇게 변신할 거다?

(용케 눈을 들어 관심을 보이는 리원)

우리가 포카가 돼서 리원이 방에 찾아가면 연주 좀 들려줄래?

너 관객 앞에서 연습도 해 봐야 돼, 크리스마스에 공연하려면.

(새로 접은 종이 동물을 엄마에게 주는 리원)

어머! 엄마한테 강아지 주는 거야? 고마워! 이거 시투?

감동받는 미리. 이번에는 파란 종이로 리투를 접기 시작하는 리원.

리원

리투는 동호 오빠 꺼.

미리

동호?

48. 밖 – 범모 집 뒷동산 (낮)

혼자 식식대는 아라, 소책자를 들고 중얼중얼 읽으며 천천히 걷는다.

나름의 분노조절법이다. 오스카 와일드의 대사를 연습하는 모양인데,

가뜩이나 번역투 문장에 구식으로 매우 과장된 연기다.

아라에 놀라 달아난 뱀이 스르륵 만수에게 향한다. 얼어붙는 만수,

비명 지르는데, 물린다.

만수

아! 뱀 씨팔새끼!

놀란 아라, 방어하려고 지팡이를 치켜들었다가 만수가 소리지르며

넘어지니까 도와주러 달려온다. 침착하게 그의 왼쪽 다리 바지를 걷어
올리고 양말을 내려 상처를 드러내는 그녀.

아라

무슨 색이었죠? 머리가 삼각형이던가요?
(너무 놀란 나머지 답도 못하고 어버버거리는 만수)
그럼 살모사네. 어미도 죽인다는. 아니면 무늬가 흑백이었어요?
(만수의 넥타이를 풀며)
그럼 칠보산데. 물리면 일곱 걸음 전에 죽는다는.

만수

(얼굴이 하얘져)
방울 소리도 들은 거 같아요.

아라

(넥타이로 무릎 아래를 묶으며)
물린 데가 심장보다 위에 있어야 돼요.

아라, 만수의 발을 치켜든다. 그 바람에 상체가 뒤로 넘어가는 만수.
피크닉 바구니에서 과도를 찾아 라이터로 소독해 오는 아라, 상처를 X자로
절개한다. 상처에 입을 대고 빤다. 당황해서 밀쳐 내는 만수, 아라가
침 뱉는 동안 제 발목을 잡아당겨 스스로 빨아 보려 하지만 몸이 충분히
유연하지 못하다. 낑낑대면서도 -

만수

심장보다 **아래** 아니에요?

다시 침착하게 만수 발목을 잡는 아라.

72

아라

걱정 말아요, 연극에서 해 봤어요.

몸을 굽혀 빠는 일을 재개한다. 만수, 어정쩡하게 누워 눈만 껌벅거린다.
갑자기 울리는 만수의 전화벨 소리. 발신자 – '부인씨'. 놀라서 재빨리
전화를 끊는 만수. 아름다운 여인이 발목을 빨아 주니 불편하고 조금
창피해져서 –

만수

입안에 상처라도 있으시면....

중단하는 아라, 침을 뱉는다. 혀를 돌려 입안 구석구석을 점검한다.

아라

매끈매끈해요.

만수

혹시 혀에....

아라가 혀를 쑥 내민다, 건강하고 깨끗해 보인다. 혀를 똑바로 보지도
못한 채 얼굴만 빨개지는 만수.

만수

어려서부터 이상하게 치과하고 뱀은....

범모가 두고 간 나무 지팡이를 가져와 수풀에 대고 탁탁 치는 시범.

아라

이렇게 뱀을 쫓으면서 걸어요.

(만수, 아라가 건네는 지팡이를 받는다)

치과는 혼자 해결하셔야겠네요.

앉은 채 고개 끄떡이는 만수, 피크닉 담요 쪽으로 돌아가는 아라를
물끄러미 본다.

49. 안 – 만수 집 부부 침실 (밤)

팬티와 티셔츠만 입고 침대 끝에 앉은 만수, 왼 다리를 붙들고 발목
상처를 관찰하다가 욕실을 돌아본다. 만수의 시점 – 욕실로 통하는
반투명 유리문. 샤워 소리. 만수, 스마트폰을 잠깐 조작하자 곧 블루투스
스피커에서 노래가 시작된다. 가운 걸친 미리가 수증기를 몰고 나오다가,
헬렌 메릴 노래 [You'd be so nice to come home to]를 듣고 반색한다.

미리

웬일이래?

손을 잡아 남편을 일으킨다. 자연스레 포옹하고 부드럽게 리듬을 타기
시작하는 부부.

미리

댄스파티 말야.... 올핸 안 가는 게 맞겠지? 우린 학원도 관뒀고.

남편이 어쩌는지 보려는 눈빛. 포옹을 푸는 만수, 양손을 내민다. 미리가
손을 마주 들자 깍지 끼는 만수.

만수

뭔 소리여, 가야지. 연습한 게 얼만데.
(감동받는 미리. 음악에 몸을 맡기는 두 사람)
나한테 녹음해 준 첫 테이프 첫 곡이잖아.

미리

에휴.... 노래라곤 김현식, 전인권밖에 모르는 인간한테.
사랑에 눈이 멀어서....
아~ 난 그때가 젤 예뻤던 거 같아! 비록 애 딸린 이혼녀였지만.

이 부부의 오래된 농담이 시작된다.

만수

아, 그런 말 좀 쓰지 마....

미리

물론 월급은 내가 더 많았지만.

만수

뭐야.... 내가 너 월급 보고 프로포즈 했단 거?

미리

또 알어? 게다가 난 대졸이니까.

만수

나두 학위 땄거든.

미리

그땐 아니었거든.

만수

야 치사하다, 치사해. 나 안 해!

토라진 척하며 양손을 놓는 만수. 씩 웃는 미리, 만수 허리에 팔을
두르고 안으며 –

미리

공장 다니면서 수업까지 듣는다고 나하고 안 놀아 줬잖아.
미안했다고 말해, 빨리.
(헤~ 웃는 만수)
리원이가 동호 좋아하는 거 같아.

만수

(반색)

그래? 진짜? 와....!

미리

걱정돼, 동호 자식이 우리 리원이 상처 줄까봐.

만수

오빠가 동호 좋아하니까 따라 하는 걸 수도 있어.

미리

(입 삐죽이면서 주먹으로 만수 가슴을 툭)

왜! 자발적인 감정일 수도 있어!
(끄덕이며 안아 주는 만수)
시원이한테 언제 말하지?

만수

뭘 말을 해....

미리

말하기로 했잖아, 면도할 때 되면.

만수

그냥 뭐.... 인생에 쓴맛도 좀 알고 그런 담에 하자, 응?
근데 말을 꼭 해야 돼? 두 살 때부터 아빤데 내가 아빠지....
아 몰라몰라, 얘기할 때 하더라도 꼭 나하구 같이 해야 돼, 알았지?

남편이 귀여워서 그만 키스해 버리는 미리. 입술끼리 거의 붙은
상태에서도 계속 말하는 만수.

만수

미리야, 미안해. 당신도 윤활유가 필요할 텐데 내가 너무....

미리

(눈살을 찌푸리며 입술을 떼고)
뭔 윤활유?

만수

응? 아니, 그게 아니라.... 내가 요즘 면접에 정신이 팔려서....

말 나온 김에 속에 있던 말을 꺼내는 미리.

미리

꼭 제지 공장이어야 돼? 딴 일 찾으면 안 돼?

만수

(괜히 저 혼자 욱해서)

뭐, 카페 같은 거?

미리

뭔 카페?

만수

내가 종이밥 먹은 지 이십오 년이야, 여보. 난 이렇게 살게 **돼 있어.**

생각해 봐, 살모사한테 뽕잎 먹고 살라고 해, 안 해?

살모사는 엄마를 먹고 살게 돼 있다고.

만수가 자존심 상한 사람처럼 너무 흥분하니까 달래려 하는 미리.

미리

그렇군요, 반장님.

(만수의 양손을 잡으며)

반장님 춤 좀 추시네요?

만수

나만 따라와, 나만.

미리

어쭈? 의상까지 입으면 쫌 멋있을 수도?

만수

우리 의상 뭔데?

말해 주지 않겠다는 눈빛의 미리. (장난으로) 노려보던 만수,
입술을 덮친다. 아내 가운의 허리띠를 푼다.

50. 안 – 식당 (낮)

식탁 의자에 나란히 앉은 만수와 리원. (첼로 연습 때문에 생긴) 리원의
왼손 손가락 끝 굳은살을 손톱 줄로 갈아 주는 만수. 넥타이 들고 계단을
뛰어 내려오는 미리, 원피스 허리끈을 꼬리처럼 질질 매달았다. 장난스레
시원의 머리를 헝클어뜨리면서 오는 미리, 남편 허벅지에 올라앉아 칙칙한
넥타이를 푼다.

미리

최고의 면접이 될 거야, 다 죽여 버려.

만수

(자신 없지만 호응하느라)

오케이, 다 죽었어!

미리

(멋진 녹색 넥타이를 새로 매 주며)

그린 라이트!

만수, 아이들 몰래 치마 안에 손을 넣어 보지만 귀엽게 밀어내는 미리.
전화가 진동하자 문자를 확인하고 일어선다.

미리
인제 오 선생이 출근길에 픽업해 주기로 했거든.

만수, 예감이 안 좋다. 서둘러 남편 이마에 입 맞추고 허리끈을 묶는 미리,
핸드백을 챙겨 떠난다.

51. 안/밖 – 만수 차 / 신도시 (낮)

황량한 아파트 건설 현장을 지나가는 만수, 뺨에 얼음주머니를 대고
치통을 진정시킨다.

52. 밖 – 범모 집 근처 지선도로 (낮)

어제와 같은 자리에 주차된 아반떼. 뭘 하는지 차 안에서 낑낑대던 만수,
하차한다. 주황색 가슴 장화를 신고 오른손에는 오븐용 장갑을 꼈는데
이상하리만치 거대하고 속이 꽉 찼다. 충분히 보호된 기분의 만수, 아라가
준 지팡이도 든다. 출발하려다가 아차, 차 문을 다시 연다. 글러브박스에
제 스마트폰을 넣는다. 새로 장만한 폴더폰이 이미 그 안에 들어있다.
동산을 오른다. 출근하는 노동자 같다. 단풍 든 산에서 보호색인 양
스며든다.

53. 안/밖 – 범모 집 다용도실 / 뒤꼍 (낮)

창 너머로 본 모습 – 뒷동산에서 내려오는 만수, 전에 젊은 남자가 밟은
특정한 코스로 신중하게 걸어온다.

54. 안 – 침실 앞 복도 (낮)

계단을 올라오는 만수, 엄지장갑 낀 오른손을 내민 채 살금살금 걷는다.
침실에서 흘러나오는 남녀의 교성을 듣고 우뚝 멈춘다. 오늘은 틀렸다.
좌절하고 돌아가려다 호기심이 생긴다.

55. 안 – 침실 (낮)

살짝 열린 문틈으로 나타나는 만수의 눈. 만수의 시점 – 정사 중인 한 쌍,
어떤 남자의 뒷모습과 누운 여자의 팔다리. 근육질 남자의 등에 커다란
모터바이크 문신이 있다. 의자 등받이에 걸린 고동색 라이더 가죽점퍼.
더 이상 보기 싫은 만수, 뒷걸음으로 문에서 멀어진다. 괜한 배신감에
기분 상했다. 복도 벽에 기대서서 식식거린다.

준오

(소리)

역시 누나 침대에서 하니까 좋네요. 찌그덕거리지도 않고요.

아라

(소리)

아 쫌.... 반말!

준오
(소리)
남편 보고 금주 모임 그거 절대 끊지 말라고 해. 아주 좋은 거 같아.

아라
(소리)
그럼그럼.... 아, 준오야.... 준오야!

만수, 복도 장식장에 놓인 액자 속 범모를 물끄러미 본다. [종이의 날]
기념식 스냅사진 속 범모는 한 손엔 트로피, 다른 손엔 칵테일잔을 들고
카메라를 향해 웃고 있다.

56. 밖 – 범모 집 근처 지선도로 (낮)

뒷동산에서 내려오는 만수, 신경질적으로 가슴 장화의 어깨끈을 내린다.
차 문을 연다.

57. 안/밖 – 만수 차 / 범모 집 앞 (낮)

운전하는 만수, 범모 집 앞을 지난다. 마주 오는 차와 엇갈릴 때 운전자
얼굴을 본다. 범모다. 당황하는 만수.

만수
안 되는데....

급히 유턴, 범모 집 앞길에 다다르자 속도를 줄인다. 집으로 난 샛길로

빠져 올라간 범모 차가 시야에서 사라지자 초조해지는 만수, 창을 내려
귀를 기울이면서 대책을 강구한다. 나무들 너머, 주차하는 소리가 들린다.
범모의 이력서를 꺼내 전화번호를 찾는다. 차문 여닫는 소리에 이어
범모가 나타난다. 집으로 걸어가는 그를 보는 만수, 다급히 폴더폰으로
전화를 건다. 걸음을 멈추는 범모, 고개를 갸웃거리다가 전화를 받는다.
'여보세요?' 할 시간도 안 주는 만수, 다짜고짜 −

만수

구범모 씨시죠? 안녕하세요, [레드페퍼 페이퍼] 인사팀입니다.

범모

아! 예~

범모가 다시 집을 향해 걷기 시작하자 당황하는 만수. 범모가 도어락에
손을 뻗자 저도 모르게 소리치는 만수.

만수

안 돼요!

범모

예?

만수

예, 뭐라구요? 아, 잘 안 들리네요.

범모

어, 전 잘 들리는데요.

83

만수

점점 감이 나빠지는데, 첨 받으셨던 위치에선 잘 들렸거든요?

범모

(주차한 방향으로 돌아가며)

아, 예예. 글루 가고 있는데…. 들리죠, 이제?

만수

네, 잘 들리네요. 혹시 지금 민산시 단현면에 댁에 계신가요?

범모

예, 그런데요?

만수

저희 사장님이 만나고 싶어 하셔서요. 구범모 씨를
너무 궁금해하시네요, 하하….

범모

(너무 좋아하는 티를 안 내려고 억제)

아, 예….

만수

근데 사장님이 다섯 시 비행기로 취리히로 돌아가시거든요.
죄송하지만 지금 민산에서 출발하시면
시간 맞출 수 있을 것 같긴 한데….

범모

지금이요?

만수

아무래도 무리시죠? 그럼 이번엔 안 되겠다고 사장님께 제가 잘....

범모

아, 아니요, 아니요. 가면 되죠, 뭐. 가야죠! 갈 수 있습니다.

만수

(진심으로 좋아서 만면에 미소)

오! 잘 됐네요, 다행이에요. 그럼 저희 사무실 주소는
문자로 보내 드릴 테니까 지금 바로 출발해 주세요.

신이 나서 차로 가려다가 멈추는 범모, 옷차림이 너무 후줄근하다고
생각한다.

범모

그럼요 그럼요, 옷만 금방 갈아입고 출발합니다.

만수

안 돼요! 그 옷도 괜찮....

끊어 버리는 범모, 막 뛰어서 집으로 휙 들어간다. 만수, 망연자실.
무너지듯 핸들에 얼굴을 묻는다.

잠시 후 –

고개 드는 만수, 범모가 집에서 나오는 모습을 본다. 옷도 안 갈아입고
취한 사람처럼 비틀비틀 걷다가 무릎에 힘이 풀려 쓰러지는 범모, 숨죽인
채 오른쪽으로 왼쪽으로 데굴데굴 막 굴러다닌다. 서둘러 쌍안경을
찾는 만수, 범모의 붕괴된 모습을 자세히 관찰한다. 안쓰러워 어쩔 줄을
모르겠다. 결국 일어나 흙바닥에 앉는 범모, 진정이 좀 됐다. 옷에 묻은

먼지를 턴다. 전화기를 꺼내 [레드페퍼 페이퍼]로부터 문자가 왔는지
확인한다. 물론 없다. 아까 받은 번호를 눌러 본다.

범모
좀 받아라.... 받어, 좀! 쫌! 제발!

폴더폰이 진동하는 소리를 들으며 괴로운 얼굴로 범모를 보는 만수.
힘없이 전화를 끊는 범모, 하늘을 보며 이제 뭘 하나 생각한다. 어딘가로
전화를 건다. 아무 일도 없다는 듯 자연스럽게 꾸며 –

범모
....여어, 잘 지내지? ....뭐해, 바뻐? ....아니, 내가 무슨 행사에,
취소됐단 공지를 확인 안 하고 갔다가....
내가 그렇지, 뭐. 하여튼 허탕 치고 집에 일찍 왔더니
할 일도 없고 좀 심심허네? 한잔 찌끄러 볼까나, 간만에?
....아, 끊었지, 끊었는데 인제 이게 좀 컨트롤이 되더라구.
'적당히'가 돼.... 그르니까! [명동치킨]서 봐....
어, 일 끝나는 대로 와. 가 있을게.

통화를 마치고 무표정이 되는 범모. 힘을 끌어모아 일어서 차로 걸어간다.
범모 차가 멀리 사라지자 하차하는 만수, 범모 집을 향해 걸어가는 길에
돌멩이를 하나 주워 든다. 감시카메라를 유심히 보면서 적당한 거리에
멈춰 선다. 이층 창을 겨누고 냅다 던지고 달아난다. 와장창 소리.
잠시 후, 깨진 창 너머 커튼이 슬쩍 열리더니 상체 탈의한 준오가 밖을
내다본다. 어깨너머로 아라 얼굴도 빼꼼. 떨어진 돌멩이를 줍는 준오,
어리둥절한 남녀.

86

58. 안 – [오진호 치과] (해거름)

교복 차림의 리원, 대기실에 앉아 첼로 케이스를 열었다 닫았다 한다.
잠금장치도 딸깍딸깍 풀었다 잠갔다, 무한 반복.
창가의 미리, 내다보면서 남편을 초조하게 기다린다. 옆에서 미리를
지켜보는 진호. 민지가 퇴근한다.

민지

내일 봬요.

미리와 진호 사이에 흐르는 어색한 공기. 미리, 계속해서 소음을 만드는
리원에게 –

미리

리원아, 안 돼. 자꾸 그러면 고장 나. 그거 고장 나면 첼로가 갇혀.

리원이 행동을 멈춘다. 미리, 진호의 부드러운 시선을 애써 외면하며 –

미리

데리러 온댔는데, 시원 아빠가....

진호가 수줍은 태도로 미리에게 작은 상자를 내민다.

미리

이러지 마요.

진호가 작은 상자를 열자 저도 모르게 탄성을 발하는 미리. 깃털 꽂고
구슬 잔뜩 붙인, 비싸 보이는 인디언 머리띠를 꺼내 미리 머리에 씌워 주는

진호. 리원이 다시 첼로 케이스 잠금장치를 풀었다 잠갔다 하기 시작한다.
미리, 리원이 내는 소음이 귀에 거슬린다. 머리띠를 벗어 돌려주는 미리,
그러나 이미 벽 거울에 비친 아름다운 제 모습을 보아 버린 뒤다.

진호

그렇게나 잘 어울리는데!

한숨 쉬는 진호, 미리 어깨에 다정하게 손을 얹는다. 반사적으로 몸을
빼는 미리, 시계를 보며 창가로 멀어진다. 진호가 따라가려는데 미리의
전화기가 울린다.

59. 밖/안 – [오진호 치과] 앞 / 만수 차 (해거름)

차를 모는 만수의 시점 – 미리 모녀와 진호가 길가에 나란히 섰다.
영락없이 한 식구로 보인다.
차 도착. 미리가 뒷좌석에 리원을 태우고 안전벨트를 채워 주는 동안
진호가 첼로를 실어 준다. 가죽점퍼를 입은 꼴이 준오를 연상시키는
이 젊은이가 보자마자 맘에 안 드는 만수. 조수석 문을 여는 미리,
눈살을 찌푸린다. 만수가 치킨 한 상자를 해치운 모양이다. 더러운
종이 냅킨, 기름에 젖은 포장지, 닭 뼈 한 무더기, 그리고 입술 주위가
닭기름으로 번들번들한 남편을 번갈아 째려보는 미리. 쓰레기를 치우며
차에 탄다. 미리 손에 들린 쓰레기를 채 가는 진호.

진호

내가 버릴게요.

(운전석 옆으로 와서 만수에게)

인사하고 싶어서 기다렸어요, 오진홉니다.

치통이 심하시다고요. 한번 들르세요.... 창 좀 열어 보시겠어요?

창 내리라는 동작을 하는 진호. 만수, 끝내 창을 안 열고 큰소리로 –

만수

괜찮아요.... 완전 괜찮아요, 오준오 씨.

이름을 잘못 말하는 남편을 쏘아보는 미리, 문을 닫는다. 만수 들으라고
이름을 강조해서 발음하며 큰소리로 –

미리

고마워요, **오진호** 선생님.

만수

(진호에게 여유 있는 미소를 보이며)

고마워요.

만수, 급출발한다, 아니, 급출발하려고 한다. 액셀러레이터를 밟자 귀에
거슬리는 부아앙 소리. 깜짝 놀라 인상 찌푸리는 리원, 귀를 막고
소리친다.

리원

부아앙!

수치심에 얼굴이 새빨개지는 만수, 알아들을 수 없는 혼잣말을 웅얼거리며
기어를 바꾼다. 차, 출발. 리원은 연신 '부아앙!'.

미리

리원아, 이제 괜찮아. 아빠가 잘못해서 그래.

리원이 잠잠해지자 미리, 만수를 돌아보며 별일 아닌 척 가볍게 –

미리

늦었네?

만수

의사가 어리다? 연하네?

미리

연하? 누구보다?

만수

저 남자한테 내 얘기 좀 안 하면 좋겠어.

입을 꾹 다문 채 앞만 보고 운전하는 만수, 토라진 모양이다. 기막혀
허탈하게 웃는 미리. 조용필 [고추잠자리] 시작.

60. 밖 – 범모 집 근처 지선도로 (낮)

치통을 느끼고 신음하는 만수, 가슴 장화 어깨끈을 올리는 중이다.

61. 안 – 범모 집 음악감상실 (낮)

문이 슬그머니 열리고 만수가 들어온다.

62. 밖 – 범모 집 뒷동산 (낮)

클로즈업 – 쌓인 낙엽들 사이로 기어오는 뱀.
산책하는 아라, 발 바로 앞으로 스르륵 지나가는 뱀을 보고 아차, 지팡이를
깜빡했다는 사실을 깨닫는다.

63. 안 – 범모 집 음악감상실 (낮)

조용필 노래를 감상하느라 눈 감고 안락의자에 늘어진 범모, 이 가련한
무방비 상태의 사내를 내려다보는 만수.

64. 안 – 창고 (낮)

뒷문 열고 들어오는 아라, 우산꽂이에서 지팡이를 찾아 들고 도로
나가려다 멈춘다. [고추잠자리]가 갑자기 천둥 같은 크기로 올라갔기
때문이다. 아라, 이층을 올려다보며 미간을 찌푸린다.

65. 안 – 음악감상실 / 복도 (낮)

눈 뜬 범모, 앰프에서 손을 떼는 만수를 발견한다. 오븐 장갑 낀 오른손을

내미는 이 낯선 사내를 응시하는 범모, 뭐라고 말을 하지만 음악이
시끄러워 안 들린다. 찌푸리는 만수, 고개 돌려 한쪽 귀를 범모에게
향한다. 소리 지르는 범모.

범모

그래, 우리 둘이 같은 하늘 아래 살 순 없겠지.

그제야 알아듣는 만수, 그러나 무슨 뜻인지 이해가 안 돼 고개를
갸우뚱한다. 두 발짝 거리에 멈춰 선 만수의 거대한 오른손을 노려보는
범모, 저도 모르게 오른 주먹을 마주 내밀게 된다.

범모

결판이라도 내게? 당신이 이러는 거 아라도 아나,
신인 배우 이준오 씨?

엄청난 볼륨으로 울려 퍼지는 노랫소리를 이기려고 악을 쓰는 두 남자.
이후 대사는 자막 처리.

만수

뭐?

자기가 아라 애인으로 오인받았다는 사실을 깨닫는 만수. 범모, 만수의
오븐 장갑을 가리키며 –

범모

요리하다 생각해 보니 막 갑자기 아라를 독차지하고 싶어졌어?

범모 장단에 맞추기로 결심하는 만수, 엄지장갑들을 차례로 벗는다. 오븐

장갑 안에 스키 장갑, 또 그 안에 낀 산타 장갑을 벗으니 권총까지 손
전체를 비닐 랩으로 둘둘 말아 감싼 모습. 궁금해서 지켜보다가 권총을
만나자 허허 웃는 범모, 이 상황을 현실로 받아들이지 못하는가 보다.
열린 문틈으로 방 안을 들여다보는 아라의 시점 – 안락의자에 똑바로 앉은
범모, 그 앞에 선 남자의 뒷모습.
만수는 아라가 온 줄을 모르고, 아라는 만수의 권총을 못 봤다. 범모만
둘 다 보는 상황. 놀라고 겁에 질린 얼굴로 남편을 보는 아라. 그 표정을
보고 이 사내가 아라와 짜고 벌이는 짓이 아니라는 사실을 알아채는 범모.
아라, 주위를 둘러보더니 복도로 사라진다. 비닐 랩까지 풀어 장갑과 함께
주머니에 쑤셔 넣는 만수.

만수

미안한데 당신이 사라져야 내가 살아.

머뭇거리는 사이 아라가 돌아온다. 종이를 둘둘 만 모양을 한 트로피를
들고 만수 뒤로 살금살금 다가온다. 만수, 범모에게 총을 겨눈다. 아라,
한껏 뻗은 팔을 천천히 움직여 거리를 재 본다. 트로피 끝이 만수
뒤통수를 거의 스친다. 한 걸음 전진, 이제 타격 범위 안에 들어왔다.
자신감을 얻는 범모. 큰 스윙을 위해 트로피 든 팔을 뒤로 뻗는 아라.

범모

까불지 마, 아라가 사랑하는 남잔 나야.

아라, 동작을 멈춘다. 만수, 주제 파악을 못 하는 범모의 미련함이 괜히 더
거슬리고 헛웃음이 난다. 안 그래도 방아쇠 당기는 일을 어떻게든 미루고
싶었다. 아라는 아라대로 남편의 미련함에 헛웃음.

만수

확실해?

범모

왜, 실업자는 사랑도 못 하나?

만수, 범모가 너무 자기 같아서 혐오스럽다. 답답해서 총 든 손을 허공에
휘둘러 가며 힘겹게 한마디 한마디 –

만수

그건 아니지! 분명히 그건 아닌데, 넌.... 으음, 넌....
(적당한 표현을 찾는데 애를 먹다가)
아내의 합리적인 제안에 귀를 기울이지 않잖아!
음악 카페가 어때서, 엉?

범모가 무슨 큰 충격을 받은 양 입을 쩍 벌리면서 눈물을 또르르 흘리ス-
만수가 되려 당황한다.

범모

아라가 너한테 그런 얘기까지 해?

만수, 범모가 더 꼴 보기 싫고 더 화가 난다. 한편 아라는 이 이상하게
흘러가는 상황에 흥미가 생긴다.

만수

돈을 못 벌면 집이라도 팔아! 마트 가서 짐이라도 날라!

트로피 쥔 손을 내리는 아라, 생각이 많아졌다.

범모

난 기술자야! 전문가!

집은 아라 꺼라서 못 팔고 짐은 허리 아파서 못 날라!

아라

자랑이냐?

돌아보는 만수, 아라를 보고 얼어붙는다. 멍하니 섰다가 얼떨결에
방아쇠를 당긴다. 총알이 범모 어깨에 박힌다. 또 한번의 어색한 침묵.
아라, 괴성을 지르며 트로피를 휘두른다. 금속 막대기에 관자놀이를 맞고
쓰러지는 만수. 바닥에 떨어져 뒹구는 권총. 아라, 총을 주우러 가면서
범모에게 –

아라

눈치를 깠으면 깠다고 말을 왜 안 해!

만수가 총을 되찾으러 기어가자 덤벼드는 아라, 둘이 엎치락뒤치락하는
동안 제일 가까운 범모가 냉큼 바닥에 엎어져 권총을 줍는다. 만수와 몸이
엉킨 아내를 겨누며 –

범모

말을 하면? 니가 돌아와?

아라, 저를 겨눈 총구를 보고 기가 막히다. 부부가 서로 노려보는 틈을
타 아라를 공격하는 만수. 팔꿈치에 맞아 피가 터진 코를 싸쥐는 아라,
만수를 놓는다. 누운 채로 범모의 손을 걷어차는 만수. 총은 또 멀리
날아간다. 마누라 피를 보자 분기탱천한 범모가 기어와 덤벼들자
닥치는 대로 발길질을 하는 만수, 범모의 총상을 강타한다. 비명 지르며

나가떨어지는 범모, 누워서 몸부림친다. 피를 철철 흘리면서 총으로
기어가는 아라. 그 뒤에 따라붙는 만수. 만수에게 붙들린 스웨터가
늘어나 아라의 한쪽 가슴이 드러나고 스커트는 허벅지까지 올라간다.
구원을 바라듯 남편을 보는 아라. 고통에 몸부림치던 범모, 힘겹게 몸을
일으킨다. 만수와 앞으로 안았다가 뒤로 안겼다가 해 가면서 식식대는
아라, 총 대신 트로피를 주워 휘두른다. 만수 등짝을 강타한 다음 권총을
향해 몸을 던진다. 아라가 권총을 집는 동안 만수는 잽싸게 방에서
달아난다. 일어서는 아라와 범모. 범모, 아라에게 손바닥을 내밀며
다급하게 –

범모

총! 뭐 해, 총!

66. 밖 – 범모 집 뒤꼍 (낮)

문을 홱 열고 뛰어나오는 만수, 돌아보면 범모가 따라온다. 뒷동산을
향해 달아나는 만수, 총성이 들리자 제가 맞은 줄 알고 비명 지르며
엎어진다. 몸 여기저기를 더듬으면서 돌아보면 등에 새 총상을 입은
범모가 풀썩 쓰러진다. 만수는 그 자리에 얼어붙었는데 총을 든 아라가
뛰쳐나온다. 산발을 한 채 흘러내리는 코피를 닦을 생각도 않는다.
누워 신음하는 남편을 내려다본다. 아내가 자기한테 왜 이렇게까지
하는지 이해 못 하는 범모.

범모

내가 실직을, 하고 싶어서 한 게 아니잖아....

분노와 원망으로 눈물이 차오르는 아라, 발을 동동 구르고 총 든 손을

96

휘두르며 따지듯 –

아라
아니라고! 내가 몇 번을 말해!
실직 자체가 문제가 아니라
니가 실직에 어떻게 대처하는지 그게 문제라고!

범모, 숨을 거둔다. 넋이 나가 웅얼웅얼 주저리주저리 말하는 아라.

아라
지금 내 얘기 들었어, 안 들었어?
총 두 방 맞는다고 죽냐? 아니, 내 말은....

말을 멈추고 내려다보다가 고개 획 드는 아라, 만수를 발견한다. 텅 비어 버린 눈동자, 주르륵 흐르는 코피. 기겁하는 만수.

67. 밖 – 범모 집 뒷동산 (해거름)

관자놀이에서 피 흘리면서 휘청휘청 달아나는 만수, 가슴 장화 때문에 잘 못 뛴다. 총을 휘두르며 쫓는 아라, 괴성을 지른다.

68. 밖/안 – 지선도로 / 만수 차 (해거름)

간신히 숲을 벗어나는 만수, 세워 둔 차에 뛰어들어 재빨리 시동 걸고 출발한다. 사이드미러로 보이는 아라, 멀어져 가는 아반떼를 노려보며 식식 숨을 고른다. 탈출에 성공한 만수, 한시름 놓았다가 불현듯 –

만수

아, 총!

머리를 쥐어뜯다 말고 글러브박스를 열어 스마트폰을 확인한다. 미리의
부재중 전화 6통. 전화 걸지만 안 받는다. 연료 부족 경고등까지 뜬다.

만수

아, 씨발!

69. 안 – 만수 집 시원 방 (밤)

시원, 동호와 컴퓨터 앞에 앉아 뭔가 작당 중. 책상 위에 리원이 동호에게
선물한 종이접기 리투가 보인다. 투명 비닐봉지에 든 파란 개 30마리.
모니터에 스마트폰들의 이미지와 가격이 떠 있다. 동호 뒤 의자에 쿠션을
깔고 앉은 리원, 눈을 감고 동호 어깨에 턱을 괸 모습이 편해 보인다.
휴대전화가 울리자 스피커폰으로 받는 시원.

시원

옙!

70. 밖 – 셀프 주유소 (밤)

한적한 도로변 낡은 주유소에서 연료를 공급받는 아반떼. 전화기를
어깨에 낀 채로 범모 사진을 갈기갈기 찢어 쓰레기통에 버리는 만수,
관자놀이에는 피 엉긴 티슈 뭉치.

만수

니 엄마는 왜 그렇게 전화를 안 받니? 엄마, 집에 있어?

71. 안 – 만수 집 시원 방 (밤)

시원

아니.

눈을 뜨고 시원의 전화기를 보는 리원.

72. 밖 – 셀프 주유소 (밤)

딸의 목소리를 듣는 만수.

리원

(소리)

너네 아빠 나중에 후회할 거야!

덜컥 겁이 나는 만수, 주유 손잡이를 제자리에 돌려놓으며 –

만수

엄마 어디 갔는데?

73. 안 – 호텔 연회장 (밤)

[진저&프레드 댄스 아카데미]가 주최하는 할로윈 파티. 저마다 화려하고
창의적인 의상을 뽐내는 댄스 동호회 사람들이 춤을 춘다. (파트너 없는)
미리만 빼고. 사슴 가죽 미니스커트에 (만수가 사 준) 댄스 슈즈,
그리고 (전에 거부했던 진호의 선물) 머리띠로 치장한 인디언 공주 차림의
미리, 옆에는 얼굴에 페인팅까지 한 인디언 전사 진호. 인디언 처녀 옷을
입은 간호조무사 민지도 있다. 임시로 차려진 칵테일바 앞에 서서 사람들
춤추는 모습을 구경하는 세 사람.

74. 밖 – 셀프 주유소 (밤)

만수의 턱이 힘없이 툭 떨어진다. 입 헤 벌린 만수, 자기의 기억 상실이
믿기지 않는 모양이다.

만수

안 돼....!

(차에 뛰어들어 시동 걸며)

엄마가 내 의상은 챙겨 놓고 갔니?

시원

(소리)

옙!

만수

(차 출발시키며 피곤에 찌든 목소리로)

아빠한테 조금만 더 길게 대답해 줄 수는 없겠니?

시원

(소리. 쾌활하게)

아빠, 힘내세요!

75. 안 – 호텔 연회장 (밤)

저도 모르게 리듬에 맞춰 몸을 살짝살짝 움직이는 미리. 잔뜩 짜증 난
은미가 다가와 옆에 선다.

미리

왜 안 추고? 동호 아빤?

은미

아 몰라, 급똥이래.

춤추는 커플들을 구경하는 미리의 울적한 표정을 몰래 지켜보던 진호,
그녀의 팔꿈치를 잡으며 –

진호

우리도 끼죠.

미리

에이.... 모르잖아요, 저 춤.

부드럽게 팔을 빼며 춤추는 동호회 사람들에게 다시 눈을 돌리는 미리.

진호

모르긴 뭘 몰라요, 알아요.

(돌아보는 미리에게)

지금 보고 다 외웠어요.

(조금 놀라는 미리)

연습 많이 했다면서요.

(우아하게 손을 내밀며)

뽐내 봐야죠.

주위 눈치를 살피다가 진호의 손을 잡는 미리, 댄스 플로어로 향한다.
놀란 눈으로 두 사람을 보는 은미.

76. 안 – 호텔 연회장 로비 (밤)

꾄 금줄로 장식된 견장이 달린 영국 해군복 차림의 만수가, 삼각 모자를
고정시키려고 애쓰면서 급히 들어온다. 연회장 문을 열려고 할 때
안에서 누가 밀고 나온다. 중국 선녀처럼 입은 여자가 달아나듯 홀에서
빠져나오고 그 뒤를 투우사 차림의 원노가 쫓아온다. 큰 문을 연 채로
본의 아니게 뒤에 숨게 된 만수, 선녀의 손목을 잡고 달래면서 계단 뒤
구석진 곳으로 끌고 가는 원노를 한심해하는 표정으로 지켜본다.

77. 안 – 호텔 연회장 (밤)

즉석 사진을 찍어 주는 사진사 앞에 긴 줄. 만수가 밀치고 들어오다가
멀리서 춤을 추는 아내를 발견하고는 얼굴이 창백해진다. 미리는 진호와
멋진 한 쌍을 이루었다. 미리는 빙글빙글 돌면서도 입구를 힐끔거리지만

102

막상 만수를 발견하고 보니 화가 치민다. 웨이터가 칵테일잔이
놓인 쟁반을 만수에게 내민다. 입맛을 다시지만 손을 저어 거절하는
만수, 아내를 향해 출발한다. 사람들 사이에서 눈에 띄지 않으려는
생각에 춤추듯 몸을 흔들고 좌우로 움직이며 군중을 헤치고 전진하여
점점 미리와 가까워진다. 미리, 일부러 진호를 향해 까르르 웃어준다.
헤벌레 신이 난 진호의 얼굴이 보였다 사라지면서 그의 어깨너머로 미리가
드러난다. 미리의 눈은 웃는 모양으로 감겼고 지금 천국에 있는 것 같다.
만수가 질투에 몸을 떨면서 몸을 돌리자마자 눈 뜨는 미리, 슬며시 주위를
살피지만 남편은 이미 멀어지고 있다.

78. 밖 – 범모 집 뒷동산 (밤)

급히 산 넘어오느라 헉헉대는 만수, 나무 뒤에 숨는다. 쌍안경으로 범모
집 뒤꼍을 내려다본다. 아라와 준오가 땀을 뻘뻘 흘리며 땅을 판다.
옆에는 이불에 둘둘 말린 범모. 만수의 관심사는 시체 옆에 아무렇게나
뒹굴고 있는 자기 권총이다.
잠시 후 –
비가 온다. 음악감상실의 아라와 준오, 몽환적인 트립합에 맞춰
흐느적거린다. 아라, 울다가 웃다가 절규했다가 엉망진창이다. 카메라
팬하면 뒷마당, 만수가 범모의 무덤을 미친 듯이 파헤치다가 밤새 소리에
놀라 고개를 쳐든다. 두리번거린다.

79. 안 – 호텔 연회장 (밤)

빠른 음악에 맞춰 몸 흔드는 미리, 열심히는 추는데 그리 신나 보이지
않는다. 주위에 진호와 민지, 동호회 멤버들.

80. 밖/안 – 국도 / 만수 차 (밤)

'어서 오세요, 구종시입니다' – 질주하는 아반떼. 만수는 꽤 바쁜 하루를
보내고 있다. 진흙투성이 권총이 조수석에 놓였다.

81. 밖 – 만수 집 앞 (밤)

비가 그쳤다. 안개에 잠긴 동네. 자동차 배기음이 점점 커지더니
헤드라이트가 나타난다. 진호의 멋진 머스탱 컨버터블이 와 선다. 민첩한
동작으로 하차해 미리 쪽 문을 열어 주는 진호.

82. 안 – 만수 집 거실 (밤)

창 너머 멀리 진호 차가 보인다. 미리와 진호가 마주 서 있다.

83. 안 – 부부 침실 (밤)

어두운 방에 들어오는 미리. 빈 침대가 어렴풋이 보인다. (역시
인디언풍으로 술 달린 가죽제) 손가방을 침대에 던지고 화장대 앞에 앉는
미리, 달빛을 받아 창백한 자기 얼굴을 물끄러미 보다가 남편 목소리에
소스라친다.

만수

차에서 떡쳤나?

(안 보이는 남편을 찾아 두리번거리는 미리)

차에서 하는 거 좋아하잖아. 검정 망사팬티 입었지? 장미레이스.

문 열린 옷방의 구석, 열린 옷장 문 뒤에 웅크린 만수를 발견하는 미리.
젖은 머리와 눈빛의 번쩍임.

만수
다 뒤져 봤는데 없더라?

옷방 불을 켜는 미리. 눈부셔 찡그리는 만수, 왜소하고 초라해 보인다.
옷장의 속옷 서랍이 나오고 안이 헤쳐진 꼴을 보고 입이 딱 벌어지는 미리.
총알이 발사되듯 덤벼드는 만수, 아내의 치마를 걷고 팬티를 붙잡으며
절규한다.

만수
입었잖아, 입었잖아! 벗어 봐, 냄새 맡아 보면 했는지
안 했는지 다 알아.

미리, 소리 죽인 비명을 지르며 몸싸움을 시작한다.

만수
잠깐이면 되잖아, 죄진 게 없으면 뭐가 무서운데?

이제 바닥에 있는 미리, 있는 힘을 다해 남편 가슴을 두 발로 밀쳐 낸다.
만수는 바닥에 나동그라지고 미리는 일어선다.

미리
술 마셨냐?

바닥에 누운 채 픽 웃는 만수. 그 표정을 긍정의 표시로 받아들이는 미리,
고개 저으며 비탄에 젖어 –

미리

안 돼.... 그 고생을 또 할 순 없어.... 구 년이야, 여보!
구 년 동안 잘 참았잖아, 이 악물구.
그걸 다 물거품으로 한 거야? 자다 토해가지고 질식사할 뻔하고.
만취해서....
(아이들이 들을까 봐 속삭이기 시작)
....내 아들 때리구! 다섯 살짜리를! 지 딸한테 샘낸다고!

만수

(상체를 일으키더니 어금니를 꽉 물고 속삭인다)
백만 번 말했다, 시원이두 똑같은 내 새끼야!

미리

하긴.... 당신이 사람 차별은 안 하지,
술 먹으면 누구한테나 공평하게 개니까.

만수, 수치스러워 얼굴이 일그러진다. 자기 뺨을 세게 갈기더니 –

만수

이렇게 할까? 당신 냄새 맡게 해 주면 내 입냄새 맡게 해 줄게, 어때?

미리가 일 초도 망설이지 않고 팬티를 벗어 던져 주자 만수, 코를 갖다
댄다. 막상 냄새를 맡고 보니 이게 뭐 하는 짓인가 싶어 부끄러워지는
만수. 미리는 달려들어 남편 머리를 양손으로 잡고 들어올린다. 허리를
굽히는 미리, 만수 입에 코를 들이대고 숨 냄새를 맡는다. 미리도 오해가

106

풀린다. 만수, 새로운 트집을 잡으려고 –

만수

뭔 생각이었던 거야, 오징어 새끼랑 옷 맞춰 입고....
나한텐 이 광대 같은 의상을 주고!

미리

(피곤해서 양 손바닥으로 제 얼굴을 쓸어내리며)
존 스미스.

못 알아듣고 물끄러미 올려다보기만 하는 만수.

미리

영국 해군 존 스미스랑 포카혼타스라구, 이 멍청아!
그렇게가 한 쌍이야! 리원이 어렸을 때
젤 좋아하는 만화였잖아. 그걸 잊어버리냐, 같이 백 번을 봤는데?
(만수, 아차!)
오진호 선생은 내가 포카혼타스 한다니까
그럼 병원 사람들 다 인디언 하자고....
간호사도 인디언이었잖아, 못 봤어? 그러니까 사실은....
(자신과 남편을 가리키며)
너랑 나, **우리가** 한 쌍이었다구! 당신 눈엔 내가 그런 사람이야?
어떻게 날 의심해?

만수

어! 난 충분히 의심할 수 있지! 너 이쁘니까! 넌 **너무** 이쁘잖아!

미리

('제발 닥쳐!')
너두 잘생겼잖아!!
리원이가 우리 변신하면 연주해 주겠다고 약속했는데!
내가 딜 다 해 놨는데!
(만수 관자놀이 쪽 피로 엉긴 머리칼을 발견하고 걱정스레 손가락질)
왜 이래?

만수, 동정을 사 보려고 눈에 잔뜩 힘을 주고 –

만수

나 지금 전쟁 중이잖아, 가족을 위해서.
그러니까 우리끼리 똘똘 뭉쳐 서로 믿어야 해. 신의. 신뢰.

미리의 '너 잘 걸렸다' 눈빛.

미리

그럼 왜 당신은 온실에만 틀어박혀 있는데? 온실, 그놈의 온실!
그리고 주행거리 3000킬로, 한 달 만에!
고무 바지는 왜 싣고 다녀? 면접 가서 뱀에 물리는 비결은 뭐야?
내가 얼만큼 천치라고 생각하는 거야? 말해 봐! 왜 말을 안 해,
낚시 여행 다니면서 치킨 나눠 먹고 윤활제 발라 가면서
섹스하는 년 얘기를!

어디서부터 무슨 말을 해야 할지 막막해진 나머지, 완전히 울상이 되어
고개 푹 숙이는 만수.

만수

여보.... 여보.... 나한테 이러지 마.

(이윽고 고개 들더니, 한껏 설득력 있는 눈빛으로)

내 면접은 있잖아, 정말 힘든 그런 면접이야....

상대를 똑바로 보고, 그렇게....

(저도 모르게 손을 들어 방아쇠 당기는 시늉을 하다가 깜짝 놀라 손 내리고)

....하는 건 진짜 어려워.

비통한 나머지 웃는 미리, 입꼬리가 한쪽으로 치켜 올라가 –

미리

반박을 안 하네?

일어서는 만수, 억울한 나머지 벽에 박치기! 관자놀이를 또 다친 만수,
비명을 지르며 우왕좌왕하더니 뛰쳐나간다.

84. 안 – 2층 복도 / 계단 (밤)

아파서 비틀거리는 만수, 발을 헛디딘다. 데굴데굴 굴러서 계단을 내려간
만수, 너무 쪽팔린 나머지 1층에 도착하자마자 벌떡 일어서서 굴러 내려온
그 기세 그대로 나가 버린다. 뒤따라 나온 미리, 2층에서 소리친다.
아이들 깨든 말든 아랑곳 않는다.

미리

인제 다 끝이야, 이....

장면 전환과 함께 미리의 절규가 싹둑 잘린다.

85. 밖/안 – 온실 (밤)

불이 탁 켜지면서 온실이 유리 상자처럼 빛난다. 해군복을 벗으면서
팽개치고 들어오는 만수, 속옷 바람으로 고시조의 자기소개서를 꺼내 읽고
또 읽고 시조의 사진을 보고 또 본다.

시조

(소리)

이제 다 끝이다, 싶을 때야말로 새로운 기회가 열린다는
인생의 교훈을 깊이 새기고 있습니다. 한 가지 특기할 것은
저 고시조는 단순한 관리자가 아니라는 사실입니다.
저는 기계공학을 전공했고 설비 부서에서부터 잔뼈가 굵었습니다.
저는 저 자신을 무엇보다도 기계 다루는 사람,
기계 고치는 사람이라고 규정합니다.

‘기계 고치는 사람’ 부분에 빨간 동그라미 치는 만수.

86. 안 – 구두 가게 (낮)

시조

(소리)

현재는 아내와 딸을 데리고 고향에 내려와 살면서
구둣가게에서 파트타임으로 일하고 있습니다.
저는 지역 주민 활동에도 열성적입니다.
치매 노인 복지 센터뿐 아니라 유기동물 보호소에서도 봉사자로
활동합니다. 하지만 저는 채용이 될 경우 귀사의 소재지 가까운
곳으로 이사할 용의가 얼마든지 있습니다.

감시카메라를 의식하며 야구 모자를 더 깊이 눌러쓰는 만수, 안경까지
썼다. 옷차림도 평소와는 달리 발랄하다. 땀을 뻘뻘 흘리는 만수,
구석에서 구두 구경하는 척하면서 손바닥 메모를 연신 확인하고 벽 거울을
통해 멀리 **고시조**(50대)를 본다.
한 무릎을 꿇고 앉아, 까다로워 보이는 **젊은 남자 손님**(20대) 발에 구두를
신겨 주는 시조. 손님 옆에는 이미 신어 본 구두가 세 켤레나 쌓였다.
네 번째 신을 신고 자리에서 일어서는 손님, 거울에 이리저리 비춰 본다.
걸어 본다. 초조하게 지켜보는 시조. 문이 열리면서 화구통을 메고
교복 입은 중학생 **예니**가 들어온다. 시조, 반갑지만 손님들 눈치가 보여
작은 소리로 –

시조

예니야.

책가방을 앞으로 멘 소녀를 보고 제 딸 생각이 나 울컥하는 만수.

예니

미술학원 끝나고 애들이랑 좀 놀고 가도 돼?

시조가 문밖을 보면 예니 친구 둘이 꾸벅 인사한다. 만수, 저도 모르게
부녀 대화에 귀를 기울인다.

시조

민이 아빠가 데려다준대? 아홉 시까진 오지?

예니

응.

젊은 남자 손님
이것도 아닌 거 같아요. 다음에 올게요.

시조
아, 잠깐만요 잠깐만요! 좋아하실 만한 게 있어요.

빠른 동작으로 지갑을 꺼내 만 원을 딸에게 쥐여 주면서 그만 가 보라그
손짓하는 시조, 카운터로 가며 -

시조
완전 신상이라 이번 주말에 디피할 건데....

빠이빠이 하고 나가는 예니. 작은 동작으로 손 흔드는 시조. 만수는 이
모든 디테일을 놓치지 않고 관찰한다.

젊은 남자 손님
괜찮아요, 아저씨.

시조
금방 가져올 테니까 잠깐만 계세요, 손님.

시조가 창고로 들어가자마자 손님은 제 신으로 갈아 신고 가게를 떠나려
한다. 앞을 스쳐 지날 때 우물우물 말 거는 만수.

만수
많이 바쁘세요?

'이상한 사람이네' 표정으로 지나가는 젊은 남자. 괜히 째려보는 만수. 이

상황을 견디기 힘들다. 자기도 나가려고 문을 연다. 이미 한 발을 밖으로
내디뎠는데, 불러 세우는 목소리.

시조

손님!

만수

(몸은 얼어붙고 머리만 돌려, 죄지은 사람처럼)

네?

시조

(구두 상자를 들고)

다른 분은 가셨네요?

만수

그르게요.

(어색한 침묵)

급한 전화가 온 거 같든데요? 딸애가 걸음마하다가 넘어졌....

시조

예? 이상하다, 약혼식에 신을 거 사러 오셨는데...?

만수

신부가 싱글맘일 수도 있잖아요.

시조

예?

(생각해 보니 '그럴 수도...?' 쾌활한 모드로 전환해)

죄송함다, 오래 기다리셨죠? 손님 신으실 거, 선물하실 거?

만수
딸인데요.

시조
나이가 어떻게 되시는데?

빤히 보면서 시조의 절박한 눈빛을 읽는 만수, 문밖에 딛은 한 발을
도로 불러들일 수밖에. 고개를 푹 숙인 채 걸어오는 만수, 외워 둔
대사가 하나도 생각이 안 나 몰래 손바닥 메모를 본다. 결심하고 시조를
바로 보면서 –

만수
그립죠? 동료들하고 한잔하면서 일 얘기하는 거.
(놀라는 시조)
저도 1년이 넘다 보니 실업자 동지는 척 보면 알겠더라고요,
이런 일 하실 분으로 안 보여요.
(인정하듯 쓰게 웃는 시조)
열 살이요.

시조
예? 아, 따님?
(감상에서 빠져나와 활기차게)
구두 보세요? 부츠? 샌달?

만수
에나멜 구두요, 반짝반짝하는. 이백십.

시조, 아동화 섹션으로 간다. 구두 고르느라 쪼그리고 앉아 얼굴도 안
보이는 곳에서 겨우 들려오는 목소리 –

시조
제지 쪽에서 일했어요.... 특수지요, 특수지가 뭐냐?
지폐 재료도 만들고 로또도 만들고
영수증, 여권, 호두과자 봉투, 아이스콘 포장, 생리대 박리지,
끝도 없고요, 이런 말 하면 다들 비웃지만 저희처럼 흰 종이 뜨는
사람들은 제지도 일종의 예술이라고 생각합니다.

만수
비웃긴요! 질 좋은 종이 만지고 있으면 얼마나 기분이....
뭐냐, 으음.... 포근해지는데요!

만수, 거짓말을 안 할 수 있어서 참 좋다. 검정 어린이 구두를 양손에 한
짝씩 쥐고 와 내미는 시조.

시조
오호.... 섬세하신 분이네, 이 분이.

만수
(반짝이는 구두를 쥐고 들여다보며)
우리 딸은 거의 말을 안 해요.
하더라도 대부분 남이 한 말의 메아리죠.
그냥 그렇게 타고났고요 첼로만 연주해요. 선생님 말로는 타고났대요.
어쩌면 세계적인 인물이 될 수도 있다고....
근데 우리한텐 제대로 들려주지도 않아요.
그래도 부모가 이 재능을 밀어줘야 되는데....

앤 음악 아니면 독립할 수가 없거든요.
내가 먼저 죽을 텐데 나 죽으면 애 어떡해요.
최소한 5000만 원짜리 첼로로 연주해야 하는데....
크리스마스 때 공연할 건데 신이라곤 운동화밖에 없잖아요?
악기는 못 사주니까 구두라도 사 주려고요.

이야기하다 보니 저도 모르게 눈물이 차오르는 만수, 당황한다. 시조가
손수건을 빌려주자 그것으로 눈을 꾹꾹 누르며 –

만수
좀 있으면 수업 끝나니까, 와서 직접 고르게 할까 봐요.
몇 시에 문 닫아요?

시조
7시 전에만 오시면 되는데.

만수
어쩌죠, 아이 수업이 7시 전엔 안 끝나요.

시조
한 시간 정도는 정리도 해야 하고.... 기다리죠, 뭐. 8시!
(부끄러운 고백)
저를 통해 구입해 주셔야 수당을 받거든요.

87. 밖/안 – 갓길 공터 / 만수 차 (밤)

바다가 내려다보이는 왕복 2차선 도로, 차량 통행이 거의 없다. 회차틀

위한 반원형 공간에 주차된 만수의 차. 운전석의 만수, 치통을 참기
위해 어금니로 시조 손수건을 꽉 물었다. 라디오가 8시를 알린 다음,
호우전선이 남하하리라고 전한다. 시동 끄고 비상등을 켜 놓은 채
하차한다. 오렌지색 불빛이 주위 나무들에 명멸한다. 본넷을 열고 허리를
굽히는 만수. 본넷에 가려 만수가 무엇을 하는지 안 보인다. 초조하게
서성이다가 담뱃갑을 꺼내는 만수, 한 대 물고 불을 붙인다. 깊이
빨아들인다. 머리가 띵- 비틀거린다. 오히려 안정이 안 된다. 취업 훈련
때 배운 기술을 써 본다. 경동맥을 두드리며 –

만수

어쩔수가없다어쩔수가없다어쩔수가없다어쩔수가없다어쩔수가없다....

멀리 차 한 대가 나타난다. 긴장하는 만수, 똑바로 응시한다. 차가
비상등을 켜면서 공터로 들어와 선다. 머리를 내미는 운전자, 시조다.
차는 공교롭게도 구형 아반떼.

시조

어? 아.... 한참 기다렸는데. 따님한테 **가지도** 못하신 거예요?

만수

견인 불러야겠어요, 엄청 비싸겠지만.
(작은 한숨과 함께)
그럼 구두 살 돈이....

만수의 말이 끝나기도 전에 제 차의 시동을 끄는 시조, 내려서 문도 안
닫고 곧바로 행동으로 뛰어든다. 팔을 걷어붙이더니 만수의 차 엔진에
덤벼든다.

시조

설비 부서에서부터 잔뼈가 굵어 온 몸이올시다.

게다가 하필 또 아반떼!

만수가 준비해 둔 맥라이트를 발견하는 시조, 입에 물고 본격적으로
살핀다. 뒤에 서서 주위를 둘러보는 만수, 입이 말라붙는다, 땀이 흘러
눈이 따끔거린다. 총을 든다. 슬라이드를 당긴다. 총을 들었다 내렸다
하는 중에 시조의 환호성 –

시조

에이– 이거네!

(빠진 케이블 하나를 찾아 연결하고)

시동 걸어 보세요!

허리 펴고 돌아보는 시조, 저를 향해 내민 만수의 권총을 보고 고개
갸우뚱. 땀에 흠뻑 젖은 채 덜덜 떨면서 시조를 노려보는 만수. 장난이
아니라는 사실을 깨닫는 시조. 만수, 왼손으로 그의 눈을 가리고 가슴에
총구를 바짝 갖다 붙인다. 그러나 철컥철컥 헛방아쇠 소리만. 시조,
허둥지둥 만수를 뿌리치고 도망치려 한다. 그제야 안전 장치에 생각이
미친 만수, 레버를 돌린다. 상대가 채 두 발짝을 떼기도 전에 발포에
성공하는 만수. 등에 맞고 통나무처럼 픽 쓰러지는 시조. 다리가 풀려
쓰러지는 만수, 얼굴을 땅에 처박고 엎드린 시조를 멍하니 본다. 잠시
프리즈 프레임 된 것처럼 만수의 시간이 멈춘 기분이다, 총구에서
피어오르는 가느다란 연기만 빼고. 김창완의 [그래, 걷자]가 시작된다.
연속되는 점프 컷 – 제 차 트렁크를 여는 만수. 트렁크에 옮겨 놓은 시체
위에 파란 방수포를 덮는 만수. 전화벨 소리에 놀라 허둥지둥 트렁크를
닫으면서 시조 차로 가는 만수. 시조 차 기어박스 옆에서 빛을 발하는
휴대전화를 보는 만수. 발신자 이름이 하필 '부인씨'여서 찡그리는 만수.

블랙박스를 뜯어내는 만수. 지문을 안 남기려고 발로 운전석 문을 닫는
만수. 자기 차로 뛰어가 타고 출발하는 만수. 땅바닥에 남겨진 탄피 하나.

88. 밖 – 만수 집 마당 (밤)

비 온다. 집 전체가 보이는 넓은 화면. 이층 부부 침실이 환하다. 시원
방 창이 열리더니 우비 입고 커다란 – 그러나 빈 – 등산 배낭을 멘 시원이
몰래 나온다. 배수 파이프를 잡고 내려오는 시원, 자전거를 타고 조용히
집을 빠져나간다.

89. 밖 – 타운하우스 단지 (밤)

모퉁이를 돌아 나타나는 자전거, 달려온다. 노란 우비의 소년이 제
자전거를 잡고 시원을 기다린다. 끼익 멈춰 선 시원이 미소 짓는다. 노란
우비 소년이 마스크를 내려 미소로 답하는데, 친구 동호다. 나란히 달리기
시작하는 두 자전거.

90. 안/밖 – 만수 차 / 도로 (밤)

비가 안 오는 고장을 달리는 차. 영혼이 빠져나간 얼굴로 운전하는 만수,
라디오 볼륨을 올린다. 김창완 목소리가 커진다.

91. 안 - 휴대전화 판매점 건물 복도 (밤)

뒷문에 달린 디지털 도어락의 비밀번호를 누르는 동호. 옆에서 망보는 시원.

92. 밖 - 휴대전화 판매점 앞 길 (밤)

길 건너편에서 본 매장 전경. 뒷문이 열리고 헤드랜턴 빛 두 개가
들어온다. 시원과 동호가 창고로 들어간다.

93. 안/밖 - 만수 차 / 다리 (밤)

빗방울이 떨어지기 시작하자 와이퍼를 작동시키는 만수, 시조의 이력서와
사진을 창밖에 버린다. 다리를 건너가는 아반떼, 종이 두 장이 시커먼
강으로 펄럭이며 떨어진다.

94. 밖 - 휴대전화 판매점 인근 상업 지구 (밤)

강한 비바람. 역광을 받으며 미친 듯이 달리는 두 자전거. 경찰차가
사이렌을 울리며 쫓아온다. 두 자전거가 갈림길에서 헤어진다. 경찰차,
동호를 따라간다.

95. 안 - 만수 집 시원 방 (밤)

창을 확 열고 기어들어오는 시원, 우비 벗고 배낭을 팽개친다. 이불을

쓰고 헐떡거린다. 창유리를 때리는 세찬 빗소리.

96. 밖 – 만수 집 앞 (밤)

빗소리가 뚝 멎는다. 고요한 동네에 만수 차가 도착한다. 불이 다 꺼진
만수 집. 열린 게이트를 보고 갸우뚱하는 만수, 들어가서 잠근다.

97. 밖 – 마당 (밤)

만수 시점 – 아무렇게나 쓰러져 있는 시원의 자전거.
진흙이 잔뜩 엉겨붙은 바퀴들.
본채와의 거리를 가늠해 보다가 한 귀퉁이를 고르는 만수, 삽으로 젖은
땅을 파기 시작한다.

98. 안 – 부부 침실 (밤)

잠자는 미리.

99. 밖 – 마당 (동틀 녘)

별빛이 스러진 하늘, 희붐하다. 쉼 없이 삽질하다가 하품하는 만수.

100. 안 – 리원 방 (동틀 녘)

잠자는 리원.

101. 밖 – 마당 (동틀 녘)

아침노을. 지칠 대로 지친 만수, 다리가 풀린다. 꽤 깊어진 구덩이에
떨어진다, 벌떡 일어나 올라와 또 판다.

102. 안 – 시원 방 (동틀 녘)

잠자는 시원.

103. 밖 – 마당 (새벽)

삽질을 멈추고 구덩이에 들어가는 만수, 누워 하늘을 보니 어느새
훤해졌다. 시계를 본다. 곧 식구들이 깰 텐데 구덩이는 충분히 깊지 않다.
못 견디게 피곤하다. 새벽닭이 운다. 만수, 한숨을 쉬며 눈을 감는다.
[그래, 걷자] 페이드아웃.

104. 안 – 거실 (낮)

자는 만수 얼굴이 흔들린다.

미리

(소리)

여보!

잠 깨는 만수. 미리가 몸을 흔들고 있다. 걱정과 짜증 가득한 미리 표정을
보고 소파에서 벌떡 일어나 앉는 만수.

미리

경찰이 왔어.

미리가 가리키는 방향 – 마당에 서서 이쪽을 들여다보는 **정복 경찰
두 명**이 창 너머로 보인다. 일어서는 만수, 잠옷 바람이다. 올 것이 왔다고
생각한다. 무수히 상상했던 상황이라 오히려 차분해진다.

만수

여보.... 절대 당황하지 마, 알았지?

105. 밖 – 마당 (낮)

경찰들이 고개 푹 숙이고 시무룩한 시원을 데리고 기다린다.
울상이 된 미리가 리원의 손을 잡고 집에서 나온다. 외출복으로
갈아입은 만수가 따라 나온다. 만수 시점 – 파다 만 구덩이, 구덩이
바닥에 꽂아 둔 삽의 손잡이 부분.
경찰 눈치를 보는 만수.

106. 밖 – 만수 집 앞 (낮)

시원을 태운 경찰차가 출발하자 서둘러 아반떼 문을 여는 미리, 리원을
뒷좌석에 앉힌다. 차 트렁크를 의식하며 경직되는 만수. 미리, 답답해서 –

미리
뭐해? 당황하지 말라며.

그래도 만수가 우물쭈물거리기만 하자 급한 마음에 제가 운전석에 탄다.
만수가 리원 옆에 타자마자 붕 – 출발. 트렁크 문틈에 파란색 방수포가
끼어 조금 비어져 나왔다.

107. 안/밖 – 만수 차 / 도로 (낮)

뒤에 시체는 실었지, 아들은 경찰에 실려 가지 만수는 정신이 하나도 없다.
미리, 은미에게 계속 전화를 걸지만 받지 않자 남편에게 분통을 터뜨린다.

미리
동호 엄마가 일부러 안 받나?
동호 걔는 치사하게 친구한테 뒤집어씌워?
먼저 하자 그랬을 리가 없잖아, 우리 시원이가....
동호 아빠 가겐데 동호가 먼저 털자고 했겠지,
당연한 거 아냐?
(반응이 없자 괜히 화가 나)
다 당신 때문이야.

억울한 만수, 왜냐고 물으려다 그냥 입다물고 만다. 미리, 과속 방지 턱

앞에서 감속하지 않고 넘어간다. 차가 난폭하게 덜컹거린다. 멍청이같이
'어어!' 외마디 소리를 내며 트렁크를 돌아보는 만수, 식은땀이 난다.
만수의 비명이 리원을 자극했다. 귀 막고 소리 지르는 리원.

미리

미안 미안.... 어쩔 수 없었어, 오빠 안 놓치려면.

만수

(리원을 끌어안고 다독이며)

미안해, 미안해. 괜찮아, 리원아. 아빠가 다 생각이 있어, 걱정 마.
오빠 아무 일 없을 거야.

미리

(경찰차에 탄 시원의 뒷모습을 보며)

혼자 얼마나 외롭고 무서울까.

108. 밖 – 경찰서 계단 (낮)

건물로 올라가는 시원과 정복 경찰 두 명. 계단에 길게 드리워진 그림자.
허겁지겁 따라붙는 만수, 뒤에서 부른다.

만수

저기요!

(멈추는 경찰들)

애 엄마 금방 주차하고 오는데 같이 들어가면 안 될까요?

끄덕끄덕하더니 계단 맨 위에 가 기다리는 경찰들. 만수, 시원의
어깨를 감싸고 –

만수
동호가 지네 아빠 비밀번호를 알아낸 담에 널 **끌어들였어**, 맞지?

시원
동호가?

부릅뜬 만수의 눈에 선 핏발이 그의 의도를 명확히 한다.
시원, 눈치채지만 아직 겁먹었다.

시원
동호가 **왜** 날 끌어들였어요?

만수
있잖아.... 혼자서 범죄를 저지른다는 건
굉장히 외롭고 무서울 수 있거든.
아빤 그럴 거 같아.

시원
아 –

만수
(얼굴을 바짝 붙이고)
아빠가 넌 절대 외롭게 두지 않을 거야. 그러려면 니 협조가 필요해,
우린 한 팀이니까.

불끈 주먹을 내밀지만 딴생각하느라 못 보는 시원. 멋쩍어진 만수,
슬그머니 손을 내린다. 미리가 리원 손을 잡고 온다.

시원
하지만 솔직히, 먼저 하자고 한 건....

재빨리 시원의 머리통을 꽉 잡는 만수, 잡아당겨 이마끼리 맞댄다.
너무 힘을 줘서 쾅 부딪힌다. 시원, 아프지만 참는다. 만수, 아들을
똑바로 보며 조용하지만 단호한 톤으로 속삭인다. 가끔 치통 때문에
찡그리기는 하지만.

만수
잘 들어.... 안 그래도 요즘 우리 가족은 전쟁 중이야.

시원
엉?

만수
아니, 우리끼리 싸운단 소리가 아니라....
(그제서야 알아듣는 시원, 끄덕끄덕)
너하고 나, 우린 이 전쟁에서 여자들을 지켜야 해, 그렇지?
(시원, 끄덕끄덕)
니가 소년원에 끌려가면 엄만 무너질 거야.
(시원, 끄덕끄덕)
할아버지 권총 알지?
(시원, 끄덕끄덕. 만수, 또박또박)
할아버진, 죽은 베트콩의 손가락을 억지로 펴서, 총을 빼 왔어.
왜 그랬게?

(시원, 도리도리)
먼저 쏘지 않았으면 적이 그 권총으로 자기를 쐈을 거라는 사실,
그걸 안 잊으려고.
(잘 알아들었나 확인하려는 듯 눈을 빤히 들여다보며)
뭔 소린지 알지?

머리통을 놓아주는 만수. 바로 뒤에서 다 듣고 있는 엄마를 돌아보는
시원. 아들을 향해 고개를 끄덕이는 미리.

시원

근데 아빠....

만수

그래 말해 봐, 뭐든지.

시원

술 마신 거 아니지?

아이는 지금 겁내고 있다. 죄책감에 휩싸이는 만수, 증명해 보이듯 시원
얼굴에 대고 숨을 후 – 분다.

109. 안 – 경찰서 여자 화장실 (낮)

거울 보면서 재킷을 벗는 미리. 리원이 소변 보는 소리가 들리기
시작한다.

리원

(소리)

술 마신 거 아니지?

미리

(스웨터 안으로 손을 넣으며)

아니야.

110. 안 - 경찰서 남자 화장실 (낮)

세면대 앞에 다리 넓게 벌리고 서서 진통제를 입에 털어 넣는 만수.
허리에 두 손을 얹고는, 눈 감고 생각을 한다.

111. 안 - 경찰서 여자화장실 (낮)

미리, 스웨터 안에서 브래지어를 벗는다. 꺼내서 핸드백에 넣을 때 리원이
물을 내리고 나오면서 하품을 크게 한다.

112. 안 - 경찰서 남자화장실 (낮)

만수, 턱을 한껏 치켜들고 입으로는 대사를 외우는 배우처럼 뭔가
웅얼웅얼한다. 떠오른 키워드를 손바닥에 볼펜으로 적는다. 손바닥이
온통 시뻘겋다. 삼색 볼펜을 파랑으로 돌려서 새로 적는 만수.

113. 밖 – 경찰서 주차장 (낮)

아반떼에서 자는 리원. 멀찍이 그늘진 구석에 서서 미리와 원노가 대화
중이다. 원노, 담배를 입에 물며 원망하듯 –

원노
동호 말이, 시원이가 훔친 물건 팔아서 **엄마** 돕겠다고 했대요.

미리
(내심 충격 받지만 감추며)
동호 아빠 가게잖아요. 없던 일로 하죠, 우리.

원노가 코웃음 치자 '이럴 줄 알았다' 표정으로 변하는 미리, 미리 결심한
대로 재킷을 벗는다. 원노, 미리의 타이트한 터틀넥 스웨터의 젖꼭지
부분에 눈길을 준다. 미리, 담담하고 당당하게 –

미리
동호 아빠가 합의 안 해주면 징역 일 년이래요.
아이가 그렇게 되게 둘 순 없잖아요, 엄마가 돼 가지고. 안 그래요?

당황하는 원노, 미리의 눈과 가슴을 번갈아 보다가 만수가 걸어오자
표정을 관리한다. 원노, 미리에게 귀띔해 주듯 –

원노
어, 만수.

팔짱을 끼면서 가슴을 가리는 미리를 지나쳐 원노 앞에 서는 만수.

만수

한 대 줘.

미리, 오고가는 담배와 라이터를 보며 기가 막혀 –

미리

뭐야, 왜 이래?

만수

응, 다시 피우게 됐어. 근데 여보,
내가 친구하고 잠깐 얘기 좀 해도 될까?

미리, 은근히 강압적인 이 말투와 뻔뻔하게 담배 피우는 태도가 맘에 안
든다. 그렇지만 아무렇지도 않은 척 –

미리

그냥 해~ 괜찮죠, 동호 아빠?

만수, 괜찮지 않다고 말해 달라는 눈빛으로 원노를 본다. 미리, 만수 한 발
뒤에 서서 팔짱을 푼다. 한 손을 허리에 얹은 채 어깨를 쫙 펴고 원노를
똑바로 응시한다. 아직 죄도 짓지 않았는데 괜히 만수 앞에서 위축되는
원노, 눈만 끔뻑끔뻑. 잠깐 정적. 결국 아내 앞에서 해결하기로 결심하는
만수. 표정이 바뀐다. 말투도 달라졌다.

만수

동호가 시원이를 끌어들였어, 동호는 그렇게 진술할 거야,
시원이는 옆에 있기만 했어.

원노, "뭐?"라고 물으려고 하지만 쉬지 않고 말을 잇는 만수의 기세에
밀린다. 그래도 어떻게든 우위를 점하기 위해 가까이 온다. 키가 크니
만수는 머리를 젖히고 봐야 한다.

만수

동호가 가게 씨씨티비는 껐어도 경보 시스템도 꺼야 한다는 건 몰랐지.
네가 밤에 가게를, 여자들 데려와서 떡치는 장소로 만든 걸
니 와이프가 알면 어떻게 될까?
니가 하도 자랑하고 다녀서 동네 남자들은 다 알고 있다는
그 사실까지 알면?

원노

이 실업자 쓰레기 새끼, 아유.... 요 좆만한 게....

주먹 치켜드는 원노를 침착하게 올려다보는 만수. 주먹을 내리지도
휘두르지도 못한 채 부들부들 떠는 원노의 창백한 낯빛으로 보아
게임이 끝났다고 생각하는 미리, 재킷을 입는다. 만수, 자리를 뜨려다가
다시 서서 –

만수

그리구 너, 내 집 사지 마.

미리

사지 마세요.

132

114. 안 – 만수 집 시원 방 (낮)

천장에 난 문으로 다락방에 오르는 만수. 시원이 감춰 놓은 휴대전화
상자들을 미리에게 내려보낸다. [말보로 멘솔] 담뱃갑과 라이터를
발견하는 만수, 아내 몰래 바지 주머니에 넣는다.

115. 밖 – 마당 (해거름)

시뻘건 석양. 만수가 새벽에 파 둔 구덩이에 장물을 쏟아 넣는다. 옆에서
구경하는 미리, 걱정이 많다.

미리
안 돌려줘도 되나...?

만수
없던 일로 만들자. 어차피 이원노는 다 덮을 수밖에 없어.

만수, 호미 장갑으로 장물 위에 흙을 덮는다. 미리, 남편이 왠지
믿음직스럽다.

116. 밖 – 경찰서 주차장 (낮)

만수너 네 식구가 건물을 나선다. 시원은 짧은 수염이 났고, 찌푸린
미간은 그를 더 어른 같아 보이게 한다.

133

미리

어땠어, 유치장 경험? 평생 못 잊겠지?

(끄덕이는 시원)

왜 동호는 집에 가고 너만 유치장에서 자는지 궁금했지?

(끄덕이는 시원)

아빠가 경찰에 부탁했거든. 너한테 평생 못 잊을 교훈을 주고 싶다고.

(헐! 멈춰서는 시원, 한숨)

동호는 정말 안 됐다, 걘 너처럼 훌륭한 아빠를 못 뒀어.

멋진 아빠 표정을 지으며 시원 머리를 쓰다듬는 만수.
가족을 태우고 출발하는 아반떼의 뒷모습, 트렁크 문에 끼였던 파란
방수포가 이제는 없다.

117. 안 – 만수 집 식당 (낮)

접시를 들고 두부를 먹으며 장식장 안 권총과 할아버지 사진을 유심히
들여다보는 시원, 플라스틱 총인지 눈치 못 챈다.

118. 안/밖 – 온실 / 마당 (낮)

온실 선반 아래, 방수포에 싸인 시신. 유리 너머로 보이는 만수,
휴대전화들 묻은 자리에 사과나무 묘목을 심는다. (그 옆에 유난히 크고
깊게 파 놓은 구덩이가 하나 더 생겼다.) 시원, 잔디를 깎는다. 리원,
피치카토 연습을 한다. 선율도 없이 퉁, 퉁, 퉁.... 옆에 앉아 만화책 읽는
미리, 자주 고개 들어 리원을 살핀다. 평화롭고 안전하다. 예초기 끄고
물 마시는 시원.

134

만수

(휴대전화들이 묻힌 땅을 가리키며)

똥오줌 갖고 거름 만드는 거 알지?

더러운 것 위에서 맛있는 게 자란다 이거야.

사과 열리면 쨈 만들어 먹자.

시원

할아버지 얘기 진짜야? **집에서** 목 맸어?

만수

(고민하다가 타운하우스 단지 쪽을 가리키며)

할아버지 돼지 농장 알지?

(시원, 끄덕)

전염병이 돌아서 할아버지가 다 죽여야 했대, 이만 마리를.

시원

(규모에 놀라 입이 딱 벌어진다)

어떻게?

만수

묻었지, 산 채로.

(끔찍한 상상을 하는 아들 얼굴을 보고 재빨리 가벼운 투로 바꿔)

원래 좀 불안정하셨어. 월남전 다녀와서부터 그랬대.

창고에서 목.... 그거 했다는데 난 못 봤어.

끄덕이는 시원. 주머니에서 [말보로 멘솔]과 라이터를 꺼내 건네는 만수.

만수

엄만 몰라.

(시원이 저도 모르게 미리를 힐끔 돌아보려고 하자)

보지 마, 보지 마.

시원

(기어들어가는 소리로)

끊었는데.

만수

네가 직접 버려.

멋진 아빠 놀이를 즐기는 만수. 어른 대접 받아 고마운 시원, 담배를 받아 넣는다. 만수가 주먹을 내밀자 시원도 주먹을 들어 맞부딪힐 때 전화가 울린다. 저장되지 않은 번호를 읽고 갸우뚱하는 만수.

119. 안 – 거실 / 식당 (낮)

나란히 앉은 **중년 형사**(50대 초)와 **젊은 형사**(30대). (큰 탁자 없어진 자리에 놓인) 야외용 플라스틱 탁자 너머 만수, 형사의 태블릿 PC에 뜬 시조와 범모의 사진을 보는 척하면서 터질 것 같은 심장을 진정시키려 애쓴다. 중년 형사는 두리번거리며 집 구경을 한다. 커튼과 벽걸이 TV, 일인용 소파마저 팔려 나가 공간이 더 넓어 보인다. 식당 벽 뒤에서 귀를 기울이는 미리.

젊은 형사

[파피루스] 면접 보셨죠?

만수

떨어졌죠.

젊은 형사

고시조란 이름 들어 보셨어요?

만수

(상대가 말을 채 맺기도 전에)

첨 들어 봅니다.

눈을 돌려 만수를 보는 중년 형사. 만수, 너무 빨리 답했나 싶어 아차!
젊은 형사, 수첩에 만수 말을 적으며 –

젊은 형사

첨 들어 본다.... 구범모 씨는요?
(만수, 이번에는 곰곰 생각하는 척 시간을 들이더니 절레절레)
면접 본 분들을 찾아 뵙고 있는데요, 뭐 특별한 일 없으셨습니까?
위험을 느꼈다거나.

반문하는 눈빛을 연기하는 만수. 젊은 형사가 선배를 돌아보자 –

중년 형사

그 두 분이 사라지셨거든요.

만수

어떻게 생각하실지 모르겠지만 말씀 중에 두 사람이 죽었다는
얘기보다, 저는.... 결국 그래서 누가 합격됐을까....
그 사람은 얼마나 좋을까.... 그런 생각이.... 죄송합니다.

중년 형사

두 분이 **사라졌다**고 했는데?

(만수의 얼굴, 굳는다. 중년 형사, 젊은 형사에게)

줘 봐.

(젊은 형사가 건넨 수첩을 들여다보며)

그랬는데 유 선생님은 방금 두 사람이 **죽었다**, 그러셨거든요.
왜 죽었다고 생각하시죠?

만수

그야 뭐.... 요즘 세상에 사라졌으면 대부분 뭐....

우물우물 마무리도 못 한다. 중년 형사, 납득했다는 표시도 없이 빤히
보기만 하다가 후배에게 어서 적으라고 손짓한다.

젊은 형사

(적으며)

요즘 세상에 사라졌으면 대부분 뭐....

침 꼴깍 삼키는 만수.

중년 형사

고시조 씨 부인이 실종 신고를 했는데
폰 추적해서 가 보니까 차만 덩그러니 있더라구요.

젊은 형사

직장 짤리고 굉장히 우울해하셨대요, 빚도 많고.
그래서 극단적 선택을 하셨나 해서 막 산자락 다 수색하고....

충분히 이해된다는 마음을 표현하는 만수의 끄덕임. 이 방향이 좋은
탈출구가 되어 줄 것 같다.

중년 형사
전화기는 한 사람의 인생을 담고 있죠, 그죠?
누구와 통화했느냐, 그리고 때로는.... 누구와 통화를 **못** 했느냐.

120. 밖/안 – 갓길 공터 / [파피루스] 건물 복도 (낮) – 플래시백

두 형사가 지퍼백 안에 든 시조의 휴대전화 통화 기록을 살펴본다. 같은
번호에서 걸려 온 부재 중 전화가 눈에 띈다.

젊은 형사
(소리)
부재 중 전화.

중년 형사
(소리)
같은 번호에서 걸려 온 아홉 개의 부재 중 전화.

한참 들여다보고 있는데 전화가 걸려 오자 화들짝 놀라는 중년 형사.

중년 형사
아이 깜짝이야.

젊은 형사
어, 그 번호다! 부재 중.

중년 형사, 전화를 받되 상대가 먼저 말하기를 기다린다.

인사과장
고시조 씨? 아이고, 드디어 받으시네.

앞서 봤던 [파피루스] 건물에서, 앞서 봤던 인사과장이, 걸어가며
통화한다.

중년 형사
경찰인데요, 지금 실종자 폰에 전화하신 거거든요?
실례지만 누구신가요?

공터 구석에 서서 통화하는 중년 형사. 버려진 시조의 차 주변을 수색하는
과학수사대원들.

인사과장
[파피루스] 인사과장입니다. 고시조 씨가 저희 회사 면접을 보셨고요
합격 통보하려고 전화했는데.... 나 참, 무슨 마가 씌었나....

중년 형사
예?

인사과장
고시조씨 **전** 사람도 전화 안 받아서 합격 취소했었거든요. 이건 뭐....

중년 형사
그 분 성함은 어떻게 되나요?

인사과장

그 분이.... 가만 있자.... 최고 득점잔데.... 구, 구....

121. 안 – 만수 집 거실 (낮)

중년 형사

(만수를 빤히 보며)

구범모! 근데 내가 이 이름을 어서 본 거 같더라 이거죠.

122. 밖 – 갓길 공터 (낮) – 플래시백

두 형사가 고시조의 휴대전화를 들여다본다. 통화 목록을 넘기는데
'구범모'라는 이름이 지나간다. 딱 세우는 중년 형사, 의기양양한
표정으로 젊은 형사를 본다. 젊은 형사의 '오호!' 표정. 중년 형사,
손가락으로 제 머리를 가리키며 –

중년 형사

봐라, 새끼야.

123. 안 – 만수 집 거실 / 식당 (낮)

만수

아, 둘이 아는 사이였어요?

(너무 반응이 격했나 싶어 좀 차분하게)

근데 그 분도 사라지셨구나....

중년 형사

(오른손 집게손가락을 관자놀이에 대고 숙고하는 시늉)

자, 두 제지맨이 있어. 서로 아는 사이야. 근데 거의 동시에 실종?

젊은 형사

차 주변을 면밀하게 조사했더니 땅바닥에서 고시조씨 혈흔하고....

중년 형사

혈흔. 고시조씨의 혈은 **무엇에** 의해 혈관에서 나오게 됐을까요,

밖으로?

(한 박자)

총이요.

젊은 형사

권총.

중년 형사

북한제.

미리, 귀가 쫑긋하며 저도 모르게 장식장 쪽을 본다. 만수 입이 벌어진다.

중년 형사

탄피를 찾아냈거든요.

젊은 형사

제가.

124. 밖 – 갓길 공터 (낮) – 플래시백

라텍스 장갑 낀 손으로 탄피를 줍는 젊은 형사, 높이 들어
햇빛에 비춰 본다.

125. 안 – 만수 집 거실 (낮)

두려움에 초조해진 만수, 다른 이유로 겁에 질린 척 –

만수

세상에! 밖에 못 나가겠는데요.... 무섭네....

126. 밖 – 마당 (낮)

만수 부부와 두 형사, 집에서 나온다.

중년 형사

제가 범인 잡을 때까진 정말 조심하셔야 합니다.

중년 형사, 앞장서 간다. 걸으면서 부부에게 명함 하나씩 주는 젊은 형사.
마당을 가로지르며 개집을 보는 중년 형사, 이상하다. 리원의 다리가 삐죽
나와 있다. 훌쩍이는 소리가 흘러나온다.

만수

제가 사라지는 대로 바로 연락드리겠습니다.

걸으면서 홱 돌아보는 두 형사. 만수, 농담이랍시고 던져 놓고 어색한
미소를 짓는다. 중년 형사는 다시 제 앞을 보며 –

중년 형사
그런 일로 농담하시는 거 아녜요.

무안한 만수. 떠나는 두 형사. 미리, 리원 발목을 잡고 주욱 끌어당긴다.
눈물로 얼룩진 리원 얼굴이 밖으로 나온다.

127. 밖 – 온실 (낮 – 밤)

만수가 들어간다. 온실 외벽 – 유리에 반사된 마당 풍경, 시간이 빨리
흐르면서 석양으로 바뀐다. 밤이 되자 반사된 외부 이미지는 사라지고
실내가 들여다보인다. 담배를 문 만수가 방수포로 온실 유리벽을
가리고 있다.

128. 안 – 시원 방 (밤)

침대에 누운 시원, 벌떡 일어나 옷걸이에 걸린 바지 주머니에 손을 넣더니
담배를 꺼낸다. 한 개비를 입에 던져 물고는 방의 불을 끄고, 소리 안 나게
창을 열고 나간다.

129. 밖 – 지붕 / 온실 (밤)

밖으로 올라오는 시원, 기와를 밟고 지붕 끝으로 간다. 뚜껑 있는

재떨이가 있는 아늑한 구석, 시원의 비밀 흡연소다. 담배에 불을 붙이고
깊숙이 쭉 들이마셨다가 내뿜는다. 연기가 보름달빛을 받으면서 공기에
퍼지는 모양을 지켜보다가 불 켜진 온실에 주의가 끌린다. 가슴 장화를
신은 아빠가 한복판에 팔짱 끼고 서서 둘러보고 있다. 방수포와 널빤지,
박스 종이 등을 닥치는 대로 사용해 유리벽을 가려 놓았다. 사방이 잘
차단되어 만족스러운 모양이지만 시원의 위치에서는 유리 지붕을 통해
일부가 들여다보인다. 천장까지 막을 생각은 못 한 것이다. 유리벽을
가린 널빤지 하나가 저절로 떨어지는 순간 엎드린 사람 같은 물체가 언뜻,
부분적으로 보인다. 서둘러 달려가 널빤지를 다시 붙이는 만수, 소형
전기톱을 켜 들더니 한참을 가만히 서서 아래만 내려다본다. 만수가
무엇을 보는지 여기서는 알 수 없다.

130. 안 – 온실 (밤)

팬티만 입은 시조 시체를 내려다보는 만수, 도저히 못 하겠다. 전기톱을
끄고 작업대에 내려놓는다. 담배를 피우면서 또 한참 생각을 하더니
분재할 때 쓰는 구리 철사를 찾는다. 시체의 팔을 접어서 철사로 감기
시작한다.
잠시 후 –
사지가 접힌 채 철사로 가로세로 꽁꽁 묶여 최소한의 부피로 줄어든 시체,
그 옆에 놓인 커피콩 자루. 내려다보는 만수.

131. 밖 – 마당 (새벽)

동은 텄지만 아직 안개가 자욱하다. 구덩이 깊이 묻힌 커피콩 자루. 그
위에 흙을 조금 덮고 사과나무 묘목을 심는 만수, 치통을 느끼고 입안

깊숙이 손가락을 넣는다. 입 속 클로즈업 – 손가락이 썩은 어금니를
앞뒤로 흔든다.

132. 밖 – 페리 갑판 (해거름)

고통의 신음을 흘리면서 입에서 손가락을 빼는 만수, 커다란 통근 페리에
서서 가까워 오는 선창을 본다. '미리미리'로부터 – 저장된 이름이
바뀌었다 – 걸려 오는 영상 통화. 안 받는다. 손바닥에 다음 면접을 위한
대사를 써 본다 – '25년/25분'.

133. 밖/안 – 선출 집 앞 / 선출 차 (밤)

(외롭다는 가사의) 트로트를 크게 틀어 놓고 따라 부르며 운전하는 선출,
얼굴이 벌겋다. 고라니의 실루엣이 그려진 도로 표지판이 스쳐 지나간다.
집이 가까워져 약간 속도를 줄인다. 우회전하려는 찰나 갑자기 뛰어드는
한 사내. 헤드라이트를 받아 하얗게 뜬 얼굴, 만수다. 급정거하는 선출,
신경질이 난다. 큰 스포츠 가방을 멘 만수가 반갑게 웃으며 차 옆으로
온다. 거대한 바퀴를 단 튜닝 카 옆에 선 만수, 왜소해 보인다. 뭐라 말을
하는데, 유리에 막혀 멍하게 들린다.

만수
최선출씨? 고라닌줄 아셨죠? 하하…. 종일 기다렸습니다.
(운전면허증을 창유리에 갖다 대고)
유만수라고 합니다, [태양]에서 특수제지 담당하다 잘렸죠.

선출

(창을 한 뼘만 내리며)

난 또 전처가 보낸 변호산 줄 알고....

(얼굴을 알아보고 창을 내린다)

아, 접때 화장실에서 그....

만수

죄송합니다, 할 일도 없고 부럽기도 하고 해서

최 반장님 인스타 맨날 보다가.....

선출

(창밖으로 팔을 내놓고)

나 지금 스토킹 당한 거 맞죠? 헐....

만수

(5만 원권 지폐를 선출 가슴 주머니에 찔러 넣으며)

5만 원도 갚을 겸.... 그때 얼마나 위로를 받았는지 모릅니다,

정말 고맙습니다. 업게 사람하고

수다를 떨 수만 있다면 원이 없겠어요.

혹시 같이 한잔.... 벌써 하신 거 같은데....

선출

헤헤, 나 지금 딱 걸린 거 같은데?

만수가 [스프링뱅크] 병을 슬쩍 보여 주자 입이 째지는 선출, 기어를 바꿔
차를 움직이기 시작한다. 서행하면서 따라오라는 손짓을 한다. 커다란 차
옆에 붙어 종종걸음하면서 이야기를 이어 가는 만수.

만수

25년 부려먹더니 내보낼 땐 25분도 안 주데요?

통보 받고 나오니까 경비가 내 물건을 벌써

상자에 넣어서 들고 있더라구요.

(코너를 돌아 집 앞에 주차하는 선출)

그러더니 늘 다니던 복도로 못 가게 하고....

운전석 창을 올리고 시동을 끄는 선출, 문을 벌컥 열며 –

선출

뒷문으로 내보냅디까?

(만수, 끄덕)

이런 개호로새끼들....

134. 안 – 만수 집 주방 / 거실 (밤)

시원, 설거지한다. 거실 소파에 앉은 미리, 야외용 플라스틱 탁자 앞
바닥에 앉은 리원. 차를 다 마신 미리, 빈 잔을 들고 가 개수대에 놓는다.
돌아보는 시원, 뭔가 할 말 있는 표정이다. 엄마가 '뭐?' 표정으로 보자
외면하는 시원. 거실로 돌아오면서 딸을 살피는 미리. 밥은 안 먹고
복잡한 패턴만 그리는 리원. 한숨 짓는 미리, 빽 소리 지른다.

미리

또 또! 밥 안 먹으면 종이 안 준다?

(반 숟갈 먹는 리원. 미리, 금방 미안해져서 뺨을 쓰다듬으며)

잘 먹어야 팔 힘 쎄져서 활도 쎄게 긋지.

소파에 다시 앉으며 시원을 보는 미리. 눈이 마주치자 재빨리 외면하는
시원. 미리, 리원에게 조곤조곤 -

미리
왜 이 집 남자들은 나한테 뭘 숨길까, 리원아?
(시원을 향해 작위적인 미소를 지어 보이며)
왜 그럴까? 디지고 싶은 걸까?

135. 안 – 선출 집 (밤)

만수, 선출이 안 볼 때 무릎 위 사발에 제 위스키를 버린다. 선출의 잔이
비자마자 채워 주는 만수, [스프링뱅크] 한 병을 거의 비웠다. 틈만 나면
커다란 소시지 조각을 포크에 찍어 선출에게 권하는 만수. 선출은 혀가
잔뜩 꼬였고 만수는 그런 척만 한다. 어쨌든 업계 수다를 떨 수 있어
실제로 흥분한 만수.

만수
야 난 하루 350톤을 양품률 96프로로 돌렸다고,
그 낡은 [부민] 기계들로.
‘올해의 펄프맨’ 상은 뭐 개나 소나 다 주는 줄 알아?

선출
그렇지, 개나 소나 다 주면 나도 받았겠지?

만수
아이, 그런 소리가 아니고.... 미안해, 씨발! 마셔 마셔!

선출이 호탕하게 웃자, 긴장했던 만수는 안도한다. 선출의 잔이 만수가
따라 주는 술로 채워진다.

136. 안/밖 – 만수 집 거실 / 마당 (밤)

리원, 또 추상화를 그리고 있다.

리원
디지고 싶은 걸까?

배롱나무 가지 그림자가 미리 얼굴에 드리워졌다. 창 너머로 리원이
있는 환한 거실을 보다가 고개 숙인 채 그네에 앉은 시원을 향해 시선을
돌리는 미리.

미리
본 거야, 본 거 **같은** 거야?

137. 안 – 선출 집 (밤)

나무함에서 시가 두 대를 꺼내는 선출, 하나를 만수에게 권한다.
받아 드는 만수.

선출
이렇게 일하다간 곧 죽을 거 같아.
회사 입장도 그렇잖아, 응? 이러다 나 갑자기 디지면 어쩔 거냐고.

죽는다는 소리에 뜨끔하는 만수, 아무 대꾸도 못 하고 눈만 껌뻑껌뻑.
선출, 시가에 불 붙이며 –

선출
솔직히 이 정도 업무량이면 매니저 하나 더 있어야 되거던.

만수
(귀가 솔깃해서 격하게)
그렇지, 니 급으루! 당연하지!

선출
내 말이! ....우냐? 나 불쌍해서?

만수, 높은 데를 보면서 눈을 끔뻑끔뻑. 뜻밖의 희망 – 어쩌면 손에 피를
묻히지 않고 재취업할 수 있을지도! 울음을 참느라 침을 꿀꺽 삼키고
시가에 불을 붙인다. 다시 선출을 향해 –

만수
위에 얘기해 보지 그래.

선출
뭘?

만수
(약간 당황하지만 애써 미소)
사람 하나 더 뽑아 달라구!

선출

그 짠돌이 새끼들한테?

만수

가만히 있으면 가마니로 안다니까!
요구를 해! 일하다 말고 현장에서 쓰러져!
병가 내고! 라인 멈추고! 그러면 위에서도 정신 차리지 않겠어?

선출

(심드렁하게)
뭘 정신을 차려, 나만 잘리지.

만수

나 추천해 봐. 우리 같이 일하면 잘 맞을 거 같지 않냐?
서로 보완되고.

선출

그래.... 얘기해 봐야겠네....

영혼 없이 말하며 술 따라 주는 선출. 만수의 희망은 다시 사라졌다.
페이드 아웃.

138. 안 – 만수 집 거실 / 식당 (밤)

어둡고 조용하다. 소파에 혼자 앉아, 방금 아들에게서 들은 이야기를
곱씹는 미리. 갑자기 벌떡 일어나 식당의 장식장 앞으로 간다.
나무 상자의 자물쇠 번호 키를 열고 권총을 꺼낸다. 너무 가볍다.

플라스틱이다. 미리, 숨을 못 쉬겠다.

139. 안 – 선출 집 (밤)

만수, 선출이 집에 둔 종이 샘플을 집는다. 감정가처럼 손가락 사이에
비벼 보고 불빛에 비춰 본다. 쯔쯧....

만수

그래서 나온 게 고작 이거라고?

선출

알어 알어, 섬유 구조 자국,
그 [부민] 새끼들의 교차 연결 섬유소 레시피.
근데 어쩔 수가 없더라구....

만수

걔네 기계를 쓰는 거지, 레시피까지 써야 하는 건 아니잖아....
뒷돈이라도 받아먹는 게 아니라면.
(둘러보며)
라인 매니저 해 갖고 이런 집에 어떻게 사냐고. 저 차하며.
(선출의 표정이 굳는 것도 못 보고 계속 떠드는 만수)
척 하면 딱이지, 내 눈은 못 속인....
(뒤늦게 눈치채고 입 다문다. 노려보는 선출, 술이 깨는 모양이다)
미안해, 농담인 거 알잖아. 내가 치통 땜에 제정신이 아니에요!
(사과를 받아들이지 않는 선출, 얼음처럼 차가운 시선으로 계속 쏘아본다)
자, 한잔 할까? 원샷!

잔을 내밀어 보지만 응하지 않고 일어나는 선출, 돌아선다. 계획이
틀어지자 양손으로 머리를 쥐어뜯는 만수, 다급히 플랜B로 넘어간다.
느릿느릿 멀어져 가는 선출에게서 눈을 떼지 않으면서 술 버리는 사발을
바닥에 내려놓고 오른손을 주머니에 천천히 넣는다. 일어서면서
총을 뽑아 겨누는 만수. 비틀비틀 냉장고로 가 문을 여는 선출, 안을
들여다보다 갑자기 고개를 돌린다. 만수, 잽싸게 주저앉아 딴청을 부린다.

선출
폭탄주 오케이?

미소 지으며 엄지를 세워 올리는 만수. 맥주 두 병을 가지고 돌아오는
선출, 잔 두 개를 콸콸 채우고 위스키잔 두 개도 채운다. 위스키잔을
맥주잔에 퐁당 넣는 선출. 긴장한 얼굴로 제조 과정을 바라보는 만수,
다리가 떨리기 시작하자 주먹으로 꽉 눌러 진정시키려 한다.

선출
원샷!

일어서는 만수, 잔을 받아 붙들고 머뭇거린다. 제 잔을 들고 기다리는
선출. 눈 감는 만수, 오른손으로 경동맥을 두드리면서 작은 소리로
주문을 왼다.

만수
어쩔수가없다어쩔수가없다어쩔수가없다어쩔수가없다....

선출, 빽 소리 -

선출

아, 뭐 해?!

자기만의 의식을 마친 만수가 눈을 뜬다. 잔에 입술을 가져간다. 한 모금
머금고 삼키지는 않는다. 뚫어져라 보는 선출. 더 이상 피할 곳이 없다.
눈 감는 만수, 나머지 술을 들이붓는다. 맥주잔이 기울어지면서 안에 든
위스키잔이 쓰러진다. 두 가지 술이 섞여 만수의 입으로 흘러 들어간다,
꿀꺽꿀꺽 오르내리는 목젖. 잊고 살았던 쾌감이 갑자기 밀려온다.
어지러워 주저앉는다. 머리가 가슴으로 푹 꺼져 한동안 고정된다.
비로소 만족한 선출, 저도 잔을 단숨에 비운다. 오른 팔꿈치로 옆구리를
두 번 힘차게 친 다음 자리에 앉아 다리를 쭉 뻗는다. 고개 드는 만수의
시뻘게진 얼굴, 충혈된 눈동자. 카- 하면서 씨익 웃는 만수, 서랍장을 막
뒤지더니 펜치를 찾아온다. 입 안 깊숙이 쑤셔 넣더니 단말마의 비명과
함께 어금니를 뽑아낸다. 피가 고이는 입속에 남은 폭탄주를 몽땅
들이붓는 만수, 악마 같다. 선출 입이 딱 벌어진다. 만수, 쩌렁쩌렁한
목소리로 외친다.

만수

어~ 선하다, 씨발.... 바람 좀 쐐야겠다, 이 새끼야.

스포츠 가방을 어깨에 메는 만수, 보드카 한 병을 꺼내어 선출 눈앞에서
꼬시듯 흔들어 보이며 뒷걸음질.

만수

불멍하면서 한잔하는 게 또 내 평생 소원이지! 나가자!

껄껄 웃으며 일어서는 선출, 휘청하면서 엉덩방아를 찧는다. 그러고도
뭐가 좋은지 또 웃으면서 만수를 따라간다.

140. 밖 – 만수 집 마당 (밤)

집에서 나와 마당을 가로지르는 미리, 남편이 사과나무 묘목을 심어 놓은 구석으로 향한다. 손에는 삽을 들었다.

141. 밖 – 선출 집 마당 (밤)

파이어 핏에서 장작이 활활 타오른다. 벌써 거의 빈 보드카 병. 그 결과 만취한 선출, 불을 멍하니 본다.

선출

이사한 지 반년인데 처음 피워 보네, 씨발.
매일 바베큐 해 먹을 줄 알았는데.

선출 옆에 나란히 앉은 만수, 불멍.

만수

갖고 싶은 거 가지면 막상 또 그렇게 돼, 사람이....
(스포츠 가방 지퍼를 열다가 멈추고 홀린 듯 불을 응시하며)
아 – 이거 정말 하고 싶지 않은데, 안 하면 앞의 두 사람 죽음을 헛되게 하는 거잖아. 개죽음 안 만들려면 어쩔 수가 없잖아.

중얼중얼 지껄이는 만수 말을 하나도 못 알아들은 채 테이블에 엎드리는 선출, 눈을 감고 저도 중얼중얼 –

선출

그러취, 없지.... 마누라 말이 맞았어, 에이 씨.

142. 밖 – 만수 집 마당 (밤)

땅 파는 미리, 묘목 뿌리가 드러나자 뽑아서 구덩이 둘레에 눕혀 놓는다.

143. 밖 – 선출 집 마당 (밤)

테이블에 엎드려 자는 선출, 머리만 빼고 온통 방수포로 둘둘 감겼다.
파이어 핏 옆에서 열심히 땅을 파는 만수.

144. 밖 – 만수 집 마당 (밤)

계속 파는 미리. 구덩이가 제법 깊어졌다.

145. 밖 – 선출 집 마당 (밤)

입김을 헉헉 뿜으면서 땅 파는 만수. 이미 구덩이가 깊어 무릎이 지면
아래 있다.

146. 밖 – 만수 집 마당 (밤)

흙투성이 땀범벅 미리, 드디어 깊게 묻힌 커피콩 자루를 찾아낸다. 집을
돌아본다. 혹시라도 아이들이 보고 있나 싶어서. 미리의 시점 – 불 꺼진
집의 이층.
미리, 자리를 옮겨 집을 등진 다음 손전등을 켠다. 심호흡을 하며 용기를

내는 미리, 무릎 꿇고 앉아 자루의 윗부분 흙을 손으로 쓸어 낸다. 자루에
뭐가 들었을지 보기 두렵다.

147. 밖 – 선출 집 마당 / 만수 집 마당 (밤)

선출, 수확 준비가 된 배추처럼 머리만 나온 채 묻혔다. 어깨 주위 지면
위로 방수포 자락이 올라와 있다. 선출 몸에 흙 한 톨 묻을 수 없는 상태다.
라텍스 장갑을 낀 만수, 이제 술은 다 깼다. 준비해 온 깔때기를 꺼내
드는데 전화가 울린다. '미리미리'가 건 영상 통화. 비디오는 끄고 받는
만수, 이 뽑은 자리에 쑤셔 넣은 솜을 뺀다.

만수
미안, 내가 전화를 안 받았지.
영통은 좀 어렵고, 기대할까 봐 말을 못했는데
[문 제지] 다니는 친구 집에 와 있어. 일이 너무너무 많아서
라인 매니저 한 명 더 뽑는다는 거 있지?

만수 말이 빠른 데 비해 미리는 차분하게 말한다. 미리는 도로 심은 묘목
주위 흙을 밟아 다지는 중이다.

미리
그때 형사가 한 말 있잖아. 같이 면접 본 사람들.

만수
응.

미리

(떠본다)

죽었다고.

만수

(무심코)

응.

서성이는 미리, 절망감에 고개 푹 숙이면서 손으로 이마를 감싼다.

만수

근데?

미리

걱정돼서. 너무 밤늦게 다니잖아. 몸조심해야 되는데.

만수

에이, 난 괜찮아.

미리

어떻게 그렇게 확신해?

당황하는 만수, 머뭇거리다 고작 한다는 소리가 –

만수

으음.... 난 나니까?

미리, 질끈 눈을 감았다가 곧 눈 뜨고 안타깝게 –

미리

야, 닥치고 그냥 좀 오면 안 되냐?

뭐라고 답해야 할지 몰라 그저 네 손가락으로 이마 가운데를 두드리며
소리 안 나게 중얼거리는 만수.
손전등으로 사과나무를 비추는 미리.

미리

혼자 짊어지려고 하지 마, 백지장도 맞들면 낫다잖아.

만수

헤~ 좋아하는 속담인데. 백지장.

미리

우리 네 식구 힘 합치면 이겨낼 수 있어.

만수

여섯인데?

미리

알어, 시투 리투.

만수

꼭 데려올 거야.

미리

당연하지. 당신 원예나 분재 쪽으로도 잘할걸?
백 살까지 산다잖아, 안 늦었어.

만수, 신음 소리에 돌아본다. 선출이 깨어나려는 듯하다.

만수

이런 말하기 싫은데.... 싫어. 마지막 면접이야.
여태까지 땅을 팠다면 이제 나무 심는 일만 남았어.

선출의 신음 소리를 듣는 미리, 경악 –

미리

여보 여보, 당신이....
무슨 안 좋은 일을 하면 그건 나도 같이 하는 거야, 알았어?

안 좋은 일 하고 있지 않다는 주장을 하려고 비디오를 켜는 만수.

만수

아유, 걱정 마.
(자연스럽게 웃어 보이려고 노력하다가)
친구가 깬 거 같아....

이빨 빠진 쪽 부어오른 얼굴을 보고 놀라는 미리.

미리

당신 뺨이....

만수

내일 통화하자, 끊는다?

웃으며 빠이빠이하는 만수, 서둘러 전화 끊는다. 벌어진 입에서 피가

161

주르륵 흘러내린다. 재빨리 탈지면을 입에 넣고 손등으로 입가를 닦는다.
바닥에 피가 안 떨어졌나 확인한다.
불 켜진 거실 창 앞에 선 미리. 커튼도 없으니 훤히 들여다보인다.
미리, 자기 집이 낯설다.

148. 밖 – 선출 집 마당 (밤)

깨어나는 선출, 몸부림쳐 보지만 몸이 묻혀 빠져나갈 수 없다. 만수,
선출의 입에 깔때기를 집어넣더니 잘게 뜯어낸 소시지 조각들을 쑤셔
넣는다. 경악해서 튀어나올 것 같은 눈으로 만수를 올려다보는 선출.
구역질을 시작하자 곧바로 깔때기를 빼내는 만수, 선출의 머리가
누에고치처럼 보일 때까지 비닐 랩으로 꽁꽁 싼다. 토하는 선출, 비닐에
막혀 토사물이 입 밖으로 못 나온다. 만수는 그에게 등을 보이고 쭈그려
앉아 담배를 피운다.

149. 안/밖 – 만수 집 온실 / 지붕 (밤)

빼꼼 문 열리고 어떤 사람의 실루엣이 들어온다. 구석의 낮은 선반 앞으로
와 거기 놓인 분재를 내려다보는 이 사람은 시원이다. 시원의 시점 –
미니어처 솔숲.
분재를 내려다보는 사람이 만수로 바뀌었다. 만수의 시점 – 분재의 이끼
덮힌 바위에 앉은 미니어처 시원.
시원, 올려다본다. 머리 위로 가지를 드리운 큰 소나무가 보이고 또 그
소나무보다 몇 배 큰 거인 만수가 저를 내려다보고 섰다. 만수의 표정은
무서우리만큼 싸늘하다. 겁먹은 시원, 더 위를 본다. 유리 천장 너머로
집의 지붕이 보인다. 비밀 흡연소에 미리가 서 있다. 엄마는 자기한테

오라고 손짓을 한다.

150. 안 – 시원 방 (밤)

몸부림치며 비명 지르는 시원. 달려와 머리맡에 앉는 미리, 흔들어
깨운다. 눈 뜨는 시원을 안아 주는 미리.

미리
괜찮아, 괜찮아. 꿈이야, 다 니 머릿속에서 만들어 낸 거야.

램프를 켜는 미리. 시원, 엄마의 흙투성이 몰골에 놀란다. 시원을 가만히
보면서 어떻게 해야 하나 고민하는 미리.

미리
엄마가 땅 파 봤어.

시원
땅?
(잠이 확 깬다)
거기?

미리
진짜 뭐가 있더라.

151. 밖 – 지붕 / 마당 (밤)

겁먹은 얼굴로 다음 말을 기다리는 시원. 모자는 아들의 비밀 흡연소에
앉아 있다. 아들의 표정을 살피는 미리, 눈을 돌려 불 꺼진 온실을
내려다본다. 시원, 엄마에게서 눈을 돌려 두 그루 사과나무를 내려다본다.

미리

돼지.

(시원의 '뭔 소리?' 표정)

돼지가 나무에 좋다잖아. 거름으로.

시원

돼지를 토막 냈다고?

입술 꾹 다물고 한 번 끄덕이는 미리, 엄마 말을 믿고 싶은 시원.

152. 밖 – 마당 (밤)

다시 순간이동이라도 한 듯 모자는 이미 사과나무 앞에 내려와 있다.
시원, 시체가 묻힌 자리를 내려다보며 –

시원

작년에 아빠가 통돼지 바베큐 해 줬을 때처럼?

미리, 막 던진 말에 아들이 이렇게 순진하게 반응해 주자 참으로 마음이
놓인다. 격하게 끄덕이며 –

164

미리

그렇지, 그때처럼! 돼지 한 마리를 통째로 나무한테 멕였더라고,
아빠가 정말 힘들었겠더라.

미리, 뜨거워지려고 하는 눈시울을 겨우 식힌다. 시원,
사과나무 잎을 매만지며 –

시원

아~ 그랬구나.... 아빠가 사과쩸 해 먹자고 했는데. 맛있겠다.

미리, 아들에게 웃어 보이려고 노력한다.

153. 안 – 선출 집 (새벽)

제 지문이 묻은 모든 것을 닦고, 술을 선출 혼자 마신 것처럼 꾸미는 만수.
아직 비닐 랩으로 머리가 싸이고, 팬티와 티셔츠만 입은 시신을 침대에
눕히는 만수. 수술 장갑을 낀 손으로 가위를 쥐고 선출의 머리를 감싼
비닐 랩을 썬다. 토사물이 입과 콧구멍 안에 가득하다. 빈 술병들과
잔 하나와 먹다 남은 소시지와 포크 하나를 늘어놓는 만수, TV도 틀어
놓는다. 만수, 마지막으로 현관 문고리를 닦은 다음 나가려고 문을 연다.

154. 안 – 만수 집 거실 (낮)

마치 두 세계가 붙어 있기라도 한 듯 문 열리고 만수가 들어온다. 출근
준비를 끝낸 미리가 멍하니 소파에 앉았다. 공들인 화장, 구김 하나 없는
옷. 그러나 피로 말고는 아무 감정도 안 담긴 얼굴.

미리
면접 잘 봤어?

만수
응.
(옆에 앉으며)
잘 잤어?

미리
응.

부은 뺨을 주목하는 미리의 시선을 느낀 만수가 입을 크게 벌린다.
들여다보는 미리, 상태를 보고 미간을 찌푸리지만 언급을 회피한다. 만수,
아내를 포옹하려고 상체를 돌리면서 양팔을 뻗는다. 미리, 반사적으로
몸을 살짝 뒤로 뺀다. 더 어색해지기 전에 재빨리 다가앉으며 포옹하는
만수, 꼭 끌어안는다. 미리, 순간 움찔하지만 막상 친숙한 품에 안기자
저항하지 않게 된다. 만수, 다급하고 간절하게 –

만수
일 분만.

미리
(한숨 쉬더니 몸에 힘을 빼고)
....쉰 아홉.... 쉰 여덟.... 쉰 일곱....

만수
올라가 줘, 내려가지 말고.

미리

하나.... 둘.... 셋.... 넷.... 술 마셨나 보네, 결국.

만수

어.

미리

탄내도 나.

만수

친구 집에서 불멍했어. 혼자 된 지 반년인데 벌써 외롭다고....

미리

이혼?

만수

집 땜에 헤어졌대, 자연에 살자니까 와이프가 싫어했대.

미리

치, 그게 이유가 되나? 참, 뭐 그 정도 갖구....

만수

미안해, 옛날에 수업 듣는다구 안 놀아 주고 그래서....

미리

그렇게 열심히 살지 말지.

미리, 요동치는 감정을 감추려 애쓰다 보니 눈물이 솟는다. 이상한 낌새를

느끼고 아내의 얼굴을 보려고 몸을 떼는 만수. 급히 팔에 힘주어 세게
안는 미리. 만수, 아무것도 모르고 좋아서 빙긋 웃는다.

만수

몇 초야? 서른?

미리

....쉰 아홉.... 예순.

몸을 떼는 미리, 눈물을 안 들키려고 벌떡 일어선다.

155. 안 – [문 제지] 회의실 (낮)

화장실에서 만수와 만났던 공장장 포함, 세 명의 면접관이 껄껄 웃는다.
만수가 막 농담을 성공시킨 모양이다. 큰 시련을 통과해 낸 사람다운
만수의 차분한 태도 이면에 강인함이 자리 잡았다. 진지한 태도로
전환하는 만수.

만수

그 시련을 겪으면서 **깨달은** 거는요 –
('깨달음' 관련 부연 설명)
말씀드렸다시피 저는 '**언제나** 배우는 사람'이니까요.

156. 밖 – 만수 집 마당 (낮)

책가방 멘 시원과 리원이 대문을 열고 들어온다. 아반떼 운전석에서

미리가 내리고 있다. 아이들 눈이 휘둥그레진다. 시투/리투가 뛰어오고
있기 때문이다. 두 아이와 두 개가 뒤엉켜 쓰러져 뒹군다. 리원은 운다.
현관 앞에 선 미리의 부모가 지켜보며 흐뭇해한다. 마당으로 들어와
자식들을 내려다보는 미리, 마냥 행복하기만 한 얼굴은 아니다.

만수

(소리)

우선 창의적인 구상이 필요하다. 여기서 중요한 건 발상의 전환이고요.
실행 단계에서는 집요하고 대담해야 되겠더라구요.
그리구 필요하다고 생각될 땐 주저 없이....

157. 안 – [문 제지] 회의실 (낮)

만수

....싫은 건 싫다고 말할 수 있어야 하구요.

면접관1

(공감하듯 끄덕이더니 불쑥)

'소등 시스템'이라고.... 저희가 최근에 전자동 공장을 구축했는데요.

만수

소등이요?

면접관2

AI한텐 뭐, 불이 불필요하니까....

문 제지 공장장

요 시험 가동부터 좀 시급하게 주도해 주셔야 하는데요.

만수

(자신감에 균열이 간 표정)

전자동이라면, 인력은...?

면접관1

아무래도 감축되겠죠?

면접관2

그러려고 만든 시스템이니까요. 어쩔 수가 없죠, 뭐.

문 제지 공장장

혹시 거기에 대해 거부감이라도...?

면접관1

(반 농담)

싫은 건 싫다고 하셔도 됩니다.

만수

(껄껄 웃으며 손사래)

아뇨 아뇨 아뇨.... 시대를 거스를 수가 있나요.

스스로를 설득하려는 듯 고개까지 끄덕끄덕하는 만수.

158. 밖 – 만수 집 마당 (낮)

미리와 젊은 형사, 중년 형사가 담배 다 피우기를 기다린다. 미리, 불안과
초조를 감추려고 싹싹하게 군다.

중년 형사

(어린 사과나무 두 그루를 가리키며)
한 그루 더 심으셨네요?

미리

어머, 진짜 예리하시네요! 경찰분들은 다 그래요?

중년 형사

다 그러냐?

젊은 형사

그렇진 않죠. 전 알아챘지만.

중년 형사

새끼....

미리

들어가 기다리시죠? 차 식는데.

중년 형사

무슨 나무예요?

미리

사과쨈 해 먹으려고요.

젊은 형사

맛있겠다.

차 소리 들리자 일제히 돌아본다. 만수가 탄 택시가 진입로에 들어온다.

159. 안 – 식당 / 거실 (낮)

유리 장식장 앞에 선 미리, 경직된 표정으로 소파에 앉은 남편과 차
마시는 젊은 형사를 본다. 보는 눈이 없음을 확인한 미리가 재빨리
권총이 든 유리 상자 앞에 가족 사진 액자를 놓아 가리자마자 중년 형사가
화장실에서 나온다.

젊은 형사

저희가 살인 사건으로 의심하는 젤 큰 이유는....

중년 형사

유력한 용의자가 떠올랐기 때문이죠.
(만수, 움찔. 중년 형사, 소파에 앉으며)
사라짐이 곧 죽음일 수도 있잖아요? 선생님 말마따나.

젊은 형사

5년 전에 비밀리에 조폐공사 지정 입찰이 있었다던데요....?

만수, 화제가 바뀌어 당황하지만 기억을 더듬어 본 후 –

만수

네, 경쟁이 **너무** 치열했죠.... 저 있던 [태양]은
3개 지정사 중 하나긴 했지만 입찰할 생각을 아예 안 했고.

젊은 형사

그럼 누가 입찰을 했을까요?

중년 형사

양대 제지사의 대표 자격으로 맞붙은 두 사람.
이 사운을 건 피 말리는 입찰 경쟁의 라이벌은 누구였을까요?

젊은 형사, 드라마틱한 뜸들이기 후 태블릿 PC로 사진을 보여 주며 –

젊은 형사

구범모와....

중년 형사

고시조!

만수가 범모의 집에서 본 [종이의 날] 기념사진이다. 7명이 담긴
이 사진을 보면, 왼손에는 (만수 머리를 때린) 트로피, 오른손에는
칵테일잔을 들고 카메라를 보는 범모가 주인공처럼 찍혀 있지만, 이제
보니 오른쪽 배경에서 정면으로 걸어오는 시조도 보인다. 두 남자 얼굴에
노란색 동그라미를 쳐 놓았다.

만수

아....

중년 형사, 잘난 체하고 싶은 맘을 억누르기가 쉽지 않다. 그의 입꼬리가
자랑스런 미소로 호를 그린다.

아라

(소리)

맞아요, 예.... 그러고 보니 그때부터 좀 이상했어요.

160. 안 – 범모 집 음악감상실 (낮) – 플래시백

아라는 스타일을 바꿨다. 수수한 화장과 옷차림, 무대에 오를 준비가
되었다. '남편을 잃고 울부짖는 여인'다워 보인다.

아라

대전 출장 다녀온 그날에요, 제가 새벽에 그이 잠꼬대 때문에 깼어요.
울다가 낑낑대다가.... 억울하다느니 자길 모욕하지 말라느니
막 그럼서. 그러다가 글쎄, 세상에.... 캬오크어어억.
분명히 자는 사람이 그 가래침을 그렇게 입에 모아가지구
주둥이를 요리조리 조준을 하더니 퉤! 뱉는 거예요.
누워서 그럼 어떻게 되겠어, 지 얼굴에 지가 침을 맞잖아요....
지두 놀라서 깨더라구요.

중년 형사

대전 갔다 온 날?

젊은 형사

억울하다고?

끄덕이는 아라. 두 형사, 마주본다.

161. 안 – 만수 집 거실 (낮)

눈을 반짝이며 만수에게 설명하는 젊은 형사.

젊은 형사
아시겠지만 조폐공사가 대전에 있죠.

162. 안 – 범모 집 음악감상실 (낮) – 플래시백

아라 눈에 물이 차오른다.

아라
그 무렵부터였을까요? 항상 여기서 음악만 듣고 절 피했어요.
어쩌다 같이 밥 먹을 때 전화가 와도 꼭 나가서 받더니
해고된 후론 아예…. 알코올 의존에…. 우울증에….
맙소사, 약도 안 가져갔어요!
(준비한 소품, 약통을 쥐고)
도대체 어딨는 거야…. 전화도 꺼 놓고….

끌어낸 눈물이 볼을 타고 구르도록 둔다. 중년 형사에게 허락을 구하는
눈빛을 던지는 젊은 형사. 끄덕이는 중년 형사.

젊은 형사
혹시 남편분한테 권총이 있나요?

아라 눈이 커지더니 머리 굴릴 동안 정적 후 조심스럽게 끄덕. 중년 형사,
예리한 질문을 던지는 자신에게 감탄하며 –

중년 형사
왜 이렇게 답을 늦게 하시는지 여쭤봐도 될까요?

아라
총 갖구 있으려면 경찰에 신고해야 한다면서요? 안 했거든요.
외국 친구가 재미로 선물했다나,
뭐 쓸 것도 아닌데 뭐 하러 신고하냐고. 그리구....
(실컷 뜸들이다가)
남편하고 함께 사라졌거든요. 형사님껜 솔직해야 할 것 같아서요.
그걸루 자살할 수도 있잖아요, 빨리 좀 찾아 주세요.

젊은 형사
어떤 권총인지 모르시죠? 제조사, 모델명 이런 거.
(고개 젓는 아라)
이 중에 있을까요?

젊은 형사, 태블릿 PC를 내민다. 50여 종의 권총 사진들을 한 페이지에
모았다. 확대해서 넘겨 보는 아라, 결국 손가락으로 하나를 짚더니
형사들을 보며 조심스럽게 –

아라
이거?

두 형사, 확인한다. 역시 북한제 64식 권총이다.

163. 안 – 만수 집 거실 / 식당 (낮)

중년 형사, 추리가 척척 맞아 가는 과정을 돌이켜 보니 새삼 즐겁다.
만수는 이 이야기가 어디로 흘러갈지 궁금하다.

중년 형사

구범모를 조심하십쇼, 얼굴 잘 봐 두세요.

만수

(이 미칠 것 같은 행복감이 섣부른 것이 아니기를 염원하며 또 한 번 확인)
구범모 씨가 고시조 씨를 죽이고 도망갔다고요....
도대체 왜 그랬을까요?

젊은 형사

수배했으니까 잡으면 다 밝혀지겠죠. 국정원도 나섰고,
이제 시간 문젭니다.

만수

국정원이요? 아~ 북한 총 때문에?

젊은 형사

(끄덕이고)
구 씨가 국방부 납품 일을 오래 했다는 것**도** 우연은 아닐 테고요.

중년 형사

그러니 위조 지폐 하는 국제 조직이나 아니면
북한군 정찰총국에 초점을 맞춰야 한다....

젊은 형사

구 씨가 매수됐거나 세뇌됐을 가능성이 아주 없진 않다!

중년 형사

....하는 내용이 담긴 보고서를 **내가** 제출한 결과.... 뭐....

젊은 형사

국정원인 거죠.

상황의 부조리함에 어안이 벙벙해지는 만수. 하지만 형사들 눈에는 영락없이 자기들의 추리력에 감탄한 표정으로 보인다. 남편을 뚫어지게 바라보는 미리. 만수도 아내를 돌아본다.

만수

(소리)

여보?

164. 밖 – 마당 (낮)

멍하니 선 미리의 얼굴.

만수

(소리)

여보?

미리

(번뜩 정신 차리고)

응?

우산 들고 마당 한복판에 선 만수가, 배롱나무 근처에 선 아내를 빤히
보고 있다. 미리, 아무렇지도 않은 척 미소를 짓는다. 시원이 엄마 곁에서
우산을 씌워 주고 섰다. 리원은 시투/리투를 거느렸다, 이 셋은 똑같은
우비를 입었다.

만수

뭐 할 얘기 있어?

내키지 않는 과제를 해치우듯 걸어와 남편 앞에 서는 미리. 경호원처럼
우산 들고 따르는 시원.

미리

축하해, 첫 출근.

이 말이 얼마나 듣고 싶었던지! 콧날이 시큰해진다. 만수, 처자식을
하나하나 보며 쾌활하게 -

만수

이번 주말에 통돼지 바베큐?

미리/시원

(손사래)

싫어!

리원

(폴짝폴짝)

통돼지 통돼지!

아내와 아들의 반응에 당황하는 만수. 수습해 보려는 미리.

미리
걱정 마. **내가** 지킬게, 우리 가족.

만수
(알쏭달쏭한 말이지만 그냥 허허 웃고)
치과 그만 나가고 테니스 다시 해. 새 라킷 사 줄게.

미리
이제 안 해, 그런 거. 돈 모을 거야. 치과도 풀타임으로 바꿨어.

만수, 아내 표정을 관찰한다. 미소를 머금었지만 눈빛은 단호하다.
이유를 물으려다 마음을 고쳐먹는 만수, 시선을 돌린다. (시신이
묻힌) 사과나무 아래 흙의 냄새를 맡는 시투/리투가 눈에 들어온다.
당황하는 만수 표정을 보고 덩달아 사과나무 쪽으로 시선을 돌리는 미리.
손가락질하며 엄격하게 –

미리
시투 리투, 하우스!

막 뛰어서 개집에 들어가는 시투와 리투. 긴장 푸는 만수,
게이트를 향해 간다.

미리
부동산에 말했어, 안 판다고.

돌아보는 만수. 금방 화색이 도는 남편 얼굴을 담담하게 보다가 –

미리
사과나무까지 심었잖아, 어떻게 팔아.

얼떨결에 당연하다는 듯 끄덕이는 만수, 리원에게 간다. 안으려고 허리를
굽히는 만수, 제 옷까지 젖을까 봐 그만둔다. 엉거주춤 대신 손바닥을
내밀며 하이파이브를 기다리는 만수.

만수
아빠 갔다 올게. 엄마 말 잘 들어.

리원
벌레가 끓어가지고 다 죽어 가더라?

쓴웃음 지으며 손 내리는 만수.

165. 안/밖 – 만수 차 / 타운하우스 단지 (낮)

운전하면서 가족과의 작별 장면을 음미하는 만수. 타운하우스 거주자의
고급 차들이 앞뒤로 달린다.

166. 안 – 만수 집 2층 복도 (낮)

계단을 올라오는 리원, 우비에서 물이 뚝뚝 떨어진다. 제 방으로
들어간다. 시투/리투가 따라 들어간다.

167. 안 - 온실 (낮)

들어오는 미리와 시원. 미리가 문을 닫는 사이 쭈뼛쭈뼛 분재들을
둘러보는 시원.

시원
뭔데.... 왜 여긴데....

미리
리원이 들으면 안 되니까 그러지. 아빠 얘긴데....

시원
(바로. 겁 먹은 얼굴로)
돼지고기가 아니었어?

미리
(아들을 예민하게 관찰하며, 준비한 말을 또박또박 기복 없는 톤으로)
너두 이제 알아야 한다고 생각해, 다 컸으니까.
사실은 방금 떠난 저 남자,
네 친아빠 아냐. 친아빤 나하고 너무 많이 싸우다가
너 한 살 때 헤어졌어.
(얼굴이 하얘지는 시원)
그리구 너 두 살 때 유만수 씨 만나서 결혼했어,
뭣보다 만수 씨가 널 정말 이뻐해 줬거든.
(다음 말을 꺼내려는 순간 울컥하지만 억누르고)
그건 지금도 그렇지. 그래도 어떤 사람인지 궁금하지, 진짜 아빠?
이름은....

시원

왜 지금 그 얘길 하는데?

미리

어?

미리, 그 대답까지는 생각해 두지 못했다.

시원

됐어, 알고 싶지 않아. 귀찮아, 살던 대로 살래.

미리

야~

시원

두 살 때부터 아빠면 진짜 아빠지, 씨발.

미리

(꿀밤을 먹이며)

이노무 자식이!

아파서 짜증 나는 시원, 엄마 손을 쳐낸다.

168. 안/밖 – 만수 차 / 자동차 전용 도로 (낮)

첫 출근의 설렘을 안고 운전하는 만수, 1차로로 옮기려고 깜빡이를 켠다.
1차로를 과속해서 달려오던 차가 빵빵거린다. 차선 변경을 포기하는 만수.

183

얼굴이 불안과 걱정으로 굳어 간다.

169. 안 – 만수 집 거실 (낮)

미리, 대걸레로 시투와 리투의 흙 발자국을 닦는다. 교복으로 갈아입은
시원이 백팩을 메고 내려온다.

미리

벌써 가?

시원

(신발장에서 우비를 꺼내 입으며)
동호랑 일찍 가기로 했어.

미리

아직도 친해, 동호하고?

시원이 무슨 소리를 듣고 엄마에게 "쉿" 한다. 귀 기울이면 첼로 소리.
꼼짝 않고 서서 듣는 모자.

170. 안 – 2층 복도 (낮)

바닥에 길게 난 물 발자국. 빈 공간을 울리는 첼로 소리, 점점 가까워진다.

171. 안 – 리원 방 (낮)

보면대에 놓인 스케치북을 보면서 리원이 마랭 마레의 곡을 연주한다.
거기 그려진 복잡한 패턴은 이제 보니 악보였다. 어지럽게 지판을 짚어
가며 거침없이 활을 놀리는 리원. 이 이상스러울 만큼 깊은 소리를 시투/
리투가 얌전히 앉아 경청한다. 바닥에 물이 흥건하다. 갑자기 리투가
일어나 몸을 턴다. 물방울이 사방으로 튄다.

172. 밖 – 마당 (낮)

시원, 자전거를 끌고 마당을 가로지른다, 고개 돌려 집을 보면서. 동생의
첼로 연주에 홀린 얼굴이다.

173. 안 – 2층 복도 (낮)

리원 방 앞에 선 미리, 조심스럽게 문고리를 잡고 열려다가 결국 놓는다.
그저 귀를 기울인다.

174. 밖 – 타운하우스 단지 (낮)

자전거 타고 오는 시원, 제 집 앞에서 기다리던 동호와 합류해 나란히
달린다.

175. 안/밖 – 만수 차 / [문 제지] 근처 도로 (낮)

첼로 음악 계속. 차가 막히기 시작한다. 몸을 앞으로 기울여 드디어
모습을 드러낸 새 직장을 올려다보는 만수.
만수의 시점 – 거대한 공장이 가까워진다. [문 제지]라는 글씨가 칠해진
굴뚝이 우뚝 솟았다.
하늘에서 본 모습 – 장난감 같은 차들, 비를 맞으며 서행한다. 행진하는
개미 떼처럼 수십 대의 차가 공장을 향해 깔때기 속으로 빨려가듯
몰려든다. 만수 차 말고는 대부분 목재와 폐지를 잔뜩 실은 화물차들이다.

176. 안 – [문 제지] 공장 (낮)

어둠. 기계 돌아가는 소음이 첼로 소리를 거의 잡아먹다시피 한다. [문
제지] 점퍼를 입고 들어오는 만수, 태블릿 PC를 켠다. 관리 프로그램의
버튼 하나를 누르자 탁탁탁 조명이 차례로 켜지면서 거대한 공간이
밝아진다. 기계들의 압도적인 크기와 소음에 찌부러진 듯 왜소해 보이는
만수. 노동자는 하나도 없고 로봇들만 왔다 갔다 한다. 만수, 기계들을
둘러본다. 드디어 여기 왔다. 행복한가? 허탈한가?

177. 밖 – [문 제지] 조림지 (낮) – 만수의 상상

공장 소음 계속, 조림지의 소리는 안 들린다. 벌목 로봇이 나무를 베어
쓰러뜨리자마자 일정한 길이로 자른다. 화면 넓어지면 주위로 끝없이
펼쳐진 땅이 그루터기들만 남은 채 휑하다. 일정한 속도로 혼자 일하는
로봇.

178. 안 - [문 제지] 공장 (낮)

태블릿 PC를 들여다보면서 카메라 쪽으로 천천히 걸어오는 만수,
한 페이지를 넘기고 기계를 보고, 잠깐 멈춰 서서 또 한 페이지 보고 기계
보고.... 크레딧이 올라오기 시작한다. 롤에 감긴 종이를 북채로 두드려
보는 만수, 만족한 얼굴. 크레딧이 다 지나가는 동안 계속 다가온다.
고도로 업무에 집중한 얼굴이 화면 밖으로 나간다.

끝

박찬욱

〈달은⋯ 해가 꾸는 꿈〉을 통해
영화감독으로 데뷔했다. 〈3인조〉,
〈공동경비구역 JSA〉, 〈복수는
나의 것〉, 〈여섯 개의 시선 : 믿거나
말거나, 찬드라의 경우〉, 〈올드보이〉,
〈쓰리, 몬스터 : 컷〉, 〈친절한
금자씨〉, 〈싸이보그지만 괜찮아〉,
〈박쥐〉, 〈파란만장〉, 〈스토커〉,
〈고진감래〉, 〈A Rose Reborn〉,
〈아가씨〉, 〈격세지감〉, 〈리틀
드러머 걸〉, 〈일장춘몽〉, 〈헤어질
결심〉, 〈동조자〉 등의 작품을 만들었다.
지은 책으로 『박찬욱의 몽타주』,
『박찬욱의 오마주』, 『박쥐 각본』,
『아가씨 각본』, 『친절한 금자씨 각본』,
『싸이보그지만 괜찮아 각본』,
『박쥐 각본』, 『각본 비밀은 없다』,
『아가씨 아카입』, 『미쓰 홍당무
각본집』, 『아가씨 가까이』,
『너의 표정』, 『헤어질 결심 각본』,
『전,란 각본』이 있다.

이경미

영화 〈잘돼가? 무엇이든〉,
〈미쓰 홍당무〉, 〈비밀은 없다〉,
넷플릭스 시리즈 〈보건교사 안은영〉의
각본, 감독을 맡았다. 각본집
『비밀은 없다』, 『잘돼가? 무엇이든:
각본집과 그림책』, 『미쓰 홍당무』와
에세이 『잘돼가? 무엇이든』을
출간했다.

돈 맥캘러

캐나다의 작가, 감독, 배우로
활동 중이다. 영화로는 〈로드킬〉,
〈하이웨이 61〉, 〈글렌 굴드에 관한
32개의 이야기〉, 〈레드 바이올린〉,
〈눈먼 자들의 도시〉의 각본에
참여했다. TV 시리즈로는 〈트위치
시티〉의 각본에 참여하고 출연했으며,
공동 쇼러너로 참여한 〈동조자〉에서도
각본을 집필했다.

이자혜

동국대학교 영화영상학과에서
연출을 전공했고, 제작사 기획팀에서
일을 시작했다.
『전,란 각본』에 참여했다.

돈 맥캘러

캐나다의 작가, 감독, 배우로
활동 중이다. 영화로는 〈로드킬〉,

이자혜

동국대학교 영화영상학과에서
연출을 전공했고, 제작사 기획팀에서